KB271288

나를 바꾸기 위해 지금 해야 할 일은?

직장인이 꼭 알아야 할 처세술의 모든 것

직장인이 꼭 알아야 할 처세술의 모든 것

나를 바꾸기 위해 지금 해야 할 일은?

| 강준린 지음 |

씽크북

WORK
1
이끌고 갈 것인가
끌려 갈 것인가는
20대에 결정된다

WORK
2
천직은
한 가지 일에
매진할 때
찾을 수 있다

WORK
3
일의 달인이
인생의 달인이다

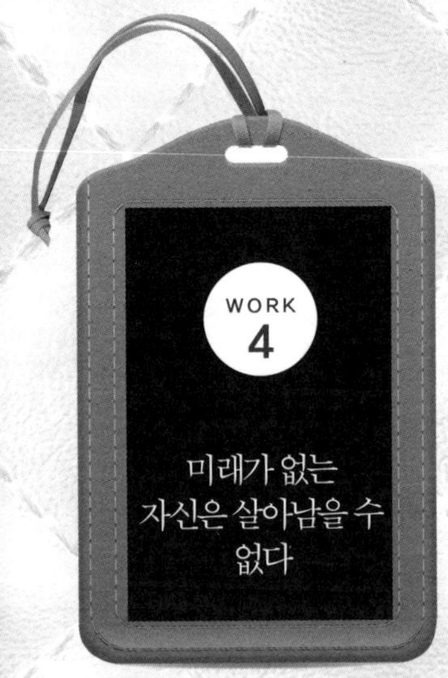
WORK
4
미래가 없는
자신은 살아남을 수
없다

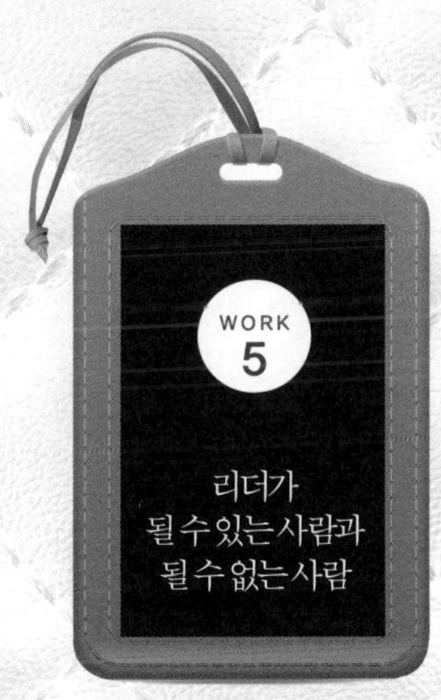

WORK
5
리더가
될 수 있는 사람과
될 수 없는 사람

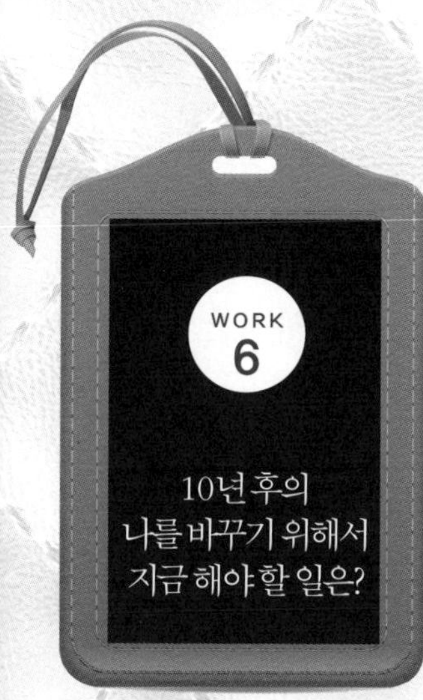
WORK
6

10년 후의
나를 바꾸기 위해서
지금 해야 할 일은?

신입사원 시절의 업무지식이나 경험은 누구나 비슷하지만 시간이 갈수록 출세 대열에서 제외되는 사람, 남만큼 일을 하지 못하는 사람 등 차이가 벌어지기 시작합니다. 그 중에는 부하직원을 이끌고 성과를 올리는 사람도 있을 것입니다.

어째서 이렇게 차이가 나는 것일까요?

그 근본적인 이유는 업무를 대하는 자세에 있습니다. 일에서 성취감을 느끼고 업무에 집중하게 된다면 점점 더 나은 결과를 얻을 것입니다. 좋은 결과가 나오면 나올수록 일이 재미있어지겠죠. 당연히 상사로부터의 평가도 좋아지고 자신도 기대를 받고 있다는 느낌에 더욱더 의욕이 넘치게 됩니다. 말하자면 선(善)의 순환(循環)이죠.

출세 대열에서 제외된 사람이나 남만큼 일을 하지 못하는 사람은 일을 좋아하게 될 수가 없습니다. 어째서 자신이 이런 일을 해야만 하는지, 이런 회사에 취직하는 게 아니었는데 등 마음속에는 항상 불평과 불만이 가득 차 있기 때문에 업무에 의욕을 느끼지 못하겠죠. 그렇기 때문에 당연히 결과도 좋지 못한 법입니다.

말하자면 악(惡)의 순환이죠.

그 녀석은 젊은 나이에 일을 잘한다는 평가를 받는 사람은 대부분이 업무에 열중하는 타입입니다. '좋아하면 할수록 능숙해진다'는 말처럼 우선 자신이 선택한 직장에서 부여받은 업무에 열중하는 것이 미래에 리더가 되기 위한 포인트입니다. '리더'의 조건에는 다음과 같이 세 가지가 있습니다.

첫 번째는 먼저 자기 스스로가 일을 처리하는 능력이 있는 사람이어야 합니다.

가끔 재벌 2세나 3세들 중에는 일처리 능력이 없는 후계자가 있습니다. 사장의 자녀로 태어났다는 이유만으로 대학을 졸업하자마자 또는 2~3년 다른 회사의 밥을 먹다가 부친의 회사로 입사해 오죠. 지위는 부장이나 상무 등 바로 간부가 되지만 당분간은 업무를 거의 하지 못하곤 합니다.

부하는 표면적으로는 따르지만 뒤에서는 불평을 하거나 무시하며 진심으로 따르는 일은 없습니다. 시간을 들이고 실력을 갖추었을 때 비로소 모두가 따르게 되는 것입니다. 다시 말해서 리더로서의 실력이 모두에게 인지되었을 때 받아들여지는 것이죠. 그렇기 때문에 리더는 뭔가 뛰어난 점을 갖추고 있지 않으면 안 됩니다. 전문지식이나 경험, 업무에 대한 열의, 예리한 판단력 등 어쨌든 멤버들이 '이것만은 당신이다'고 할 수 있는 것이 하나라도 있어야 합니다.

단, 그런 것이 있다고 해서 우수한 리더라고 단정지을 수는 없습니다. 우수한 리더는 부하를 잘 이끌어 팀 전체의 파워를 최대로 만들 수 있는 사람입니다.

두 번째 조건은 계획을 가지고 있는 사람이이야 합니다. 자신이 리더로 있는 팀 전체를 어떤 방향으로 끌고 갈 것인지, 자기 나름대로의 생각을 가지고 팀의 멤버들에게 그것을 인식시키고 또한 납득시킬 수 있어야만 합니다. 다시 말해서 먼저 자기 나름대로의 사고방식을 확실하게 가지는 것이 중요합니다.

세 번째 조건은 새로운 발상을 할 수 있는 사람이어야 합니다. 세상은 급변하고 있기 때문에 리더도 변하지 않으면 안 됩니다. 시대에 맞는 발상으로 항상 참신한 목표를 설정하여 팀 전체에 의욕이 생기는 비책을 세우는 것이 필요합니다. 그리고 시대에 맞는 새로운 시스템이나 방법으로 대담하게 개혁해 나가는 용기와 행동력이 모두를 이끄는 힘이 되는 것입니다.

그렇기 때문에 리더는 항상 자신을 연마하여 바꿔나가야만 합니다. 팀의 멤버가 지니고 있는 경험이나 지식은 아주 다양합니다. 그 하나하나를 끌어내어 지혜로 활용하는 것이 앞으로의 리더에게는 꼭 필요합니다. 리더 자신의 지혜와 멤버 한 사람 한 사람이 가지고 있는 지혜를 끌어내어 결합하면 매우 힘있는 지혜가 될 것입니다. 또한 현대는 스피드가 경영을 좌우하는 시대입니다. 지혜의 크기와 끊임없이 샘솟는 지혜의 스피드가 회사의 발전과 성장을 위한 열쇠가 될 것입니다.

이상의 세 가지 조건을 목표로 자신의 능력을 연마한다면 틀림없이 뛰어난 리더로 성장할 것입니다.

미래에 리더가 되고 싶은 사람, 현재 이미 리더의 자리에 있지만 여러 가지로 고민하는 사람 등 이 책이 그런 분들에게 도움이 되었으면 합니다.

인생은 한 번뿐이지만 자신을 연마하는 일에는 끝이란 것이 없습니다. 이제 이것으로 됐다고 생각한다면 그것으로 끝인 것입니다. 항상 진취적으로 나아가길 바랍니다.

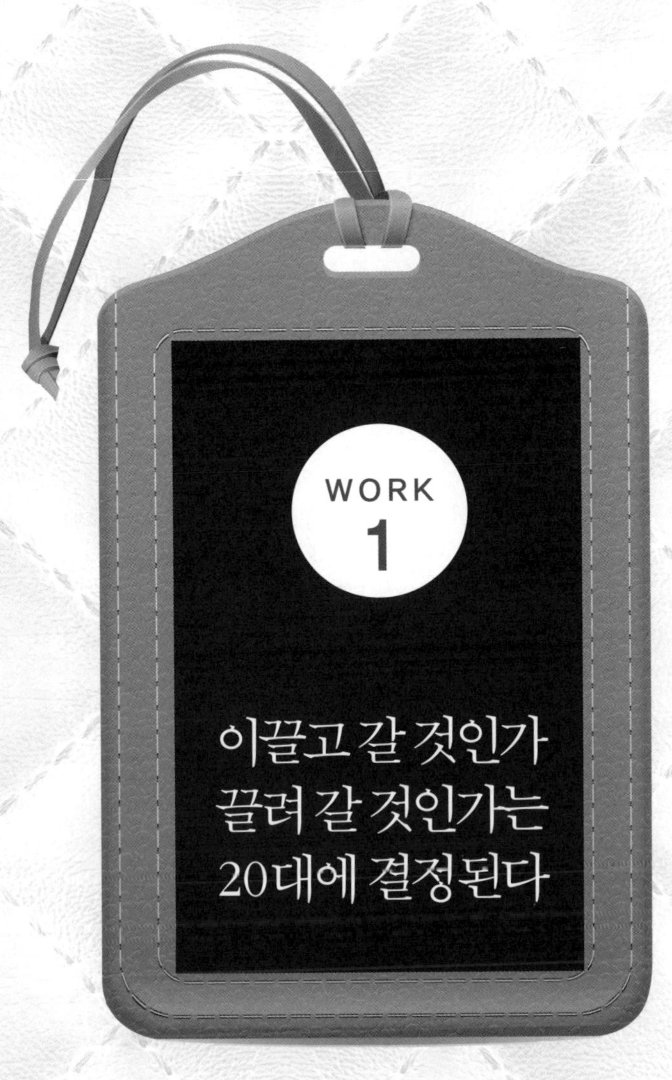

WORK
1
이끌고 갈 것인가
끌려 갈 것인가는
20대에 결정된다

20대의
고민은
이렇게
대처하라

고민이야말로 인생의 시작이다

현재 써포트라이트를 받으며 활약하고 있는 사람, 성공해서 다른 사람들에게 부러움을 받고 있는 사람, 그밖에 어떤 자리에 있는 사람이든 고민이 전혀 없는 사람은 없다.

깨가 쏟아지는 신혼부부든 일류기업에 취직되어 해냈다! 라고 기뻐하고 있는 사람이든 처음으로 주임 자리로 승진 발령을 받아 의욕이 넘쳐나는 사람이든 언젠가는 반드시 고민할 문제가 생긴다.

고민이야말로 자신이 살아 있다는 증거이며 세상에서 자기 존재를 강하게 느끼게 해주는 것이다.

그런 의미에서 고민이란 인생의 출발이라고 할 수 있다. 고민하고 고민하다 그것에서 탈출했을 때야말로 사람은 한층 더 스케일이 커진다.

어깨를 부상당해 슬럼프가 계속되고 성공이냐 실패냐의 대수술 후 에이스로 복귀한 프로 야구 투수나 부상으로 천히 장사에서 꼴찌까지 순위가 떨어지면서도 노력과 끈기로 복귀한 씨름선수 등을 관객이 박수로 맞아주는 것은 최악의 상황을 극복하고 최고의 자리까지 다시 올라온 인간 드라마에 감동하기 때문이다. 그런 선수들은 한꺼풀 벗겨진 매력으로 관객을 매료시킨다.

그럼, 비즈니스맨의 고민으로는 어떤 것이 있을까, 특히 20대

의 아직 경험도 지식도 적은 젊은이들의 경우를 생각해 보면

- 업무 진행 중 벽에 부딪혀 어쩔 수 없는 자승자박(自繩自縛) 상태에 빠져서 정신적으로 완전히 낙담해 있다.
- 회사의 장래성에 불안감을 느끼고 회사를 그만두고 전직을 하는 편이 낫지 않을까 고민하고 있다.
- 지금의 일은 자신의 성격과 맞지 않는다. 다른 일로 바꾸는 편이 낫지 않을까 망설인다.
- 직장의 인간관계가 원만하지 못하고 상사로부터 미움을 받고 있다거나 직장에서 따돌림을 당하고 있다고 고민하고 있다.
- 급여가 적고 업무는 많고 힘들어서 애인과 데이트할 시간도 돈도 없다고 신경질이 나 있다.
- 하고 싶은 일, 매진할 일이 없어서 그냥 별 탈 없이 하루하루가 지나가는 것에 대한 초조함과 포기에 가까운 불안정한 정신상태에 대해 고민하고 있다.
- 도시에서의 고독함과 외로움, 게다가 연대감이 없는 사회의 대중속의 하나로 잘 생각해 보면 결국 자신은 혼자라는 적막감으로부터 오는 불안감을 느끼고 있다.

이러한 고민들을 많이 할 것이다. 젊었을 때에는 순수한 만큼 고민도 많은 법이다. 고민이 많으면 많을수록, 깊으면 깊을수록 그것을 극복한 후에 비로소 깊이 있는 인간이 될 수 있는 것이다. 20대에는 순수하고 진지하게 많은 고민을 하는 것이 좋다. '고통을 극복해서 환희에 다다르자'라는 베토벤의 말처럼 만약 당신이 무엇인가로 고민을 하고 있다면 그것은 당신이 살아 있다는 증거이다.

고민을 뛰어넘는 세 가지 포커스

고민이 많은 20대. 그러나 시간이 지나 되돌아보면 매우 즐거웠던 시간이기도 하다. 20대의 젊은이들은 아직 느끼지 못할지도 모르지만 20대야말로 인생의 황금기라고 할 수 있다. 내 인생에 후회는 없다고 말하는 사람들의 대부분은 20대를 아주 유익하게 보낸 사람들이다.

그렇기 때문에 이 20대의 고민을 어떻게 극복할 것인지가 문제이다. 그럼 기본적인 사고방식과 행동범위 같은 것을 생각해 보자.

먼저 가장 중요한 것은 고민으로부터 도망치지 않는 것이다. 사람은 누구나 걱정이나 싫어하는 일에서 도망치려 한다. 하지만 인생의 고민은 자기 자신의 마음의 문제이기 때문에 아무리 도망친다 하더라도 벗어날 수 있는 문제가 아니다.

자기 자신의 마음먹기에 달린 문제이기 때문에 도망치지 말고 당당하게 맞서는 것이 중요하다. 가슴을 활짝 펴고 할 수 있는데 까지 해보자는 각오를 해야 한다.

다시 말해서 포커스 1은 **고민으로부터 도망치지 말고 당당히 맞서야 한다는** 것이다.

다음은 낙천주의자가 되자. 사람은 상황이 안 좋은 쪽으로 흘러가면 사고방식마저 그릇된 방향으로 치우치고 만다. 이런 점이 사태를 더욱더 악화시키는 악순환으로 이어질 수가 있다.

나쁜 쪽이 아닌 좋은 쪽으로 생각하자. 다시 말해 낙천적인 사고방식이 필요하다. 계속 고민한다고 해서 사태가 호전되는 것은 아니다. 이왕이면 사고방식을 바꿔서 고민을 안 하는 방향으로 전환하자.

포커스 2는 모든 것을 좋은 쪽으로 생각할 수 있는 낙천주의자가 되어야 한다는 것이다.

그리고 다음은 고민에 맞서서 전력으로 싸우라고 말하고 싶다. 사태를 타개하기 위해서는 마냥 가만히 앉아서 생각만 하는 것으로는 안 된다. 행동으로 옮기는 것이 필요하다. 특히 '까짓 것 해보자' 고 용기를 넣어서 싸우는 자세가 중요하다. 전력을 다하면 상황이 바뀌고 사태가 호전되는 경우가 많다.

포커스 3은 전력을 다해 고민과 싸워야 한다는 것이다.

지금까지 나열한 대로 고민으로부터 도망치지 말고 긍정적인 방향으로 생각하며 사태 수습을 위해 최선을 다해 싸운다면 보다 빠르고 훌륭하게 고민을 극복할 수 있을 것이다.

당신도 자신의 고민을 해결할 방법에 대해서 생각해 보자.

이 3개의 포인트가 기본이지만 이것 이외에도 중요한 것이 두 가지 더 있다. 어떤 사람이나 자기 한 사람만의 생각이나 경험만으로는 깊이와 폭이 한정된다. 그렇기 때문에 고민은 자신보다 지식이나 경험이 많은 사람에게 상담을 하는 것이 좋다. 인생경험이 많은 사람의 조언은 그만큼 배울점이 많은 법이다.

물론 최종 결론은 자신이 내리는 것이지만 참고 의견으로 다른 사람의 의견을 듣는 것도 중요하다. 만약 당신의 주위에 믿을 만한 사람이 있다면 한 번 고민을 털어 놓고 상담을 해볼 것을 권한다.

다른 한 가지는 경우에 따라서 때를 기다리는 것도 매우 중요하다는 점이다. 상황을 참으며 시기가 올 때까지 묵묵히 자중하는 선택도 때로는 필요하다. 어떤 결론을 내릴지는 당신 자신의 사고방식으로 결정되지만 가끔은 느긋하게 참고 견디는 것도 중요한 선택 방법 중 하나라는 것을 알아두길 바란다.

고민이 많다는 것은 살아 있다는 증거이고 고민을 극복했을 때
야말로 인간으로서의 깊은 맛이 배어나온다는 것을 마음에 새겨
두길 바란다.

한 분야에서
최고가 되라

꿈을 포기하진 않았는가

지금 어떤 것에 몰입하고 있는가, 진정으로 몰입할 수 있는 것이 취미든 사랑이든 지금 하고 있는 일이나 장래의 꿈을 이루기 위해 하는 일이든 무엇인가 몰입할 수 있는 것이 있는 사람은 매우 행복한 사람이다.

어느 회사의 영업사원 보수교육 강사로 초청되었을 때의 일이다. 참석자는 15명으로 나이는 38세부터 45세까지, 말하자면 영업사원으로서는 전성기가 지났다고 말할 수 있는 사람들이었다.

영업의 방법과 한 사람 한 사람의 실적을 체크하면서 교육을 진행했는데 그 중에 특히 눈에 띈 사람이 마음씨 좋아 보이는 A씨였다. 영업 실적은 완전히 밑바닥으로 출세는 생각할 수 없는 영업사원이었다.

A씨와 휴식시간에 대화를 나누던 중 자신의 취미를 얘기하기 시작했을 때 사람이 변한 것처럼 얼굴이 빛나기 시작했다. 그의 취미는 천체망원경을 자택의 옥상에 설치해 놓고 별자리를 관찰하는 것이었다. 별자리에 대해서 얘기할 때 A씨의 표정은 그 전과는 달리 주위 사람들을 압도할 정도로 생기가 넘쳐흘렀다.

나는 의아한 마음에 마치 다른 사람을 보는 것처럼 A씨를 바라보고 있었다. 사람은 겉보기와는 다른 것이다. 이 생기 넘치는 에너지를 영업활동에 활용한다면 좋은 세일즈맨이 될 텐데 라고 생각했다.

당신이 몰입해 있는 것이 일이라면 그것처럼 행복한 것은 없다.

요즘 젊은이들을 보면 자신이 몰입할 만한 것을 찾지 못했다는 사람들이 많다. 생각하기에 따라서는 매우 사치스러운 일이다. 풍족한 시대에 태어나 자란 젊은이들은 부족한 것이 없기 때문에 원하는 것은 스스로 찾아 노력해서 얻어내지 않아도 살아갈 수 있기 때문이다.

그러나 그것만으로는 너무도 쓸쓸한 인생이다. 가슴이 두근거리거나 마음이 동요되는 시간을 얼마나 많이 갖는가가 그 사람의 인생의 윤택함을 측정할 수 있는 방법이라고 생각하기 때문이다.

그럼 지금 당신은 무언가에 몰입해 있는가?

만약 없다면 적어도 앞으로는 이렇게 되고 싶다 또는 장래에는 이런 것을 해보고 싶다고 공상의 날개를 펼친 적은 있는가?

꿈을 꾼다는 것은 긴 인생을 살아가는데 매우 중요한 일이다. '꿈을 현실로 옮기자, 꼭 해내자' 라는 강한 욕망이 에너지를 낳기 때문이다.

인생의 삼분의 일은 일하는 시간

하루 24시간은 사람에게 평등하게 주어진 시간이다. 사장이든 신입사원이든 하루의 시간은 변하지 않기 때문에 얼마나 유용하게 쓰는가가 그 사람의 인생에 있어서 중요한 포인트가 된다는 것은 자명한 사실이다.

24시간을 크게 나누어 보면 수면 8시간, 회사에서 8시간, 개인적인 시간 8시간이 된다. 요즘은 근로시간의 단축이라는 것으로 5일제 근무나 장기 휴가 등으로 일하는 시간이 짧아져서 자유시간이 늘어났기 때문에 일하는 시간은 실제로 8시간이 안 될 것이다. 거기에는 출퇴근시간, 집에서의 업무준비 시간 등 일을 하기 위해서 필요한 시간도 포함되어 있다.

수면시간은 의식이 없는 휴식시간이기 때문에 이것을 뺀다면 눈을 뜨고 활동하는 시간의 반은 일을 하는 시간이다. 다시 말해서 극단적으로 표현하면 현대는 인생의 반 정도가 일을 하는 시간이라고 해도 과언이 아닐까 싶다. 일이 싫고 귀찮다고 생각하면서 지내고 있다면 인생의 반이 지겨운 것이 되고 만다.

반대로 일이 재미있고 의욕이 넘친다면 그 사람의 인생은 매우 알찬 것이 될 것이다. 어차피 같은 시간을 보내는 것이라면 그 시간을 알차게 보내는 것이 현명하다고 생각한다.

그러기 위해서는 일을 대하는 자세가 중요하다. 우선 일을 열심히 해보는 것이다. 좋다, 싫다, 어울린다, 어울리지 않는다는 생각을 하기 전에 그 업무에 정통하게 되어서 부서 내 혹은 회사 내에서 이 일에 대해서는 내가 최고라고 할 수 있는 분야를 갖도록 하자.

자타가 모두 그런 평가를 내리게 된다면 일이 매우 재미있어질 것이다. 계속해서 자신이 최고인 분야를 넓혀 간다면 주위로부터도 높은 평가를 받을 수 있을 것이고 일도 점점 더 능숙하게 처리할 수 있게 될 것이다. 그렇게 된다면 더욱더 일이 재미있어져서 인생 그 자체가 충실한 것이 될 것이다.

일 속에서 자신의 미래의 꿈을 찾을 수 있게 된다면 항상 약동하는 삶을 누릴 수 있을 것이다.

자신의 존재 가치를 높여라

당신은 상사의 눈에 들거나 같은 직장의 동료로부터 기대를 받고 있지 않은가? 만약 그렇다면 직장에서의 존재 가치는 상당히 높다고 할 수 있다.

상사로부터 전혀 관심을 받지 못하거나 직장동료로부터도 무시당하기 일쑤라면 당신의 존재 가치는 매우 낮다고 할 수 있다.

경우에 따라서는 있거나 없거나 크게 영향을 주지 않는다고 생각되는 사람도 있을지 모른다. 이런 상황이라면 가슴이 두근거리는 꿈같은 것은 가지고 있을 리가 없다.

우선 직장에서 자신의 존재 가치를 어떻게 끌어올릴 것인가를 생각해야 한다.

업무 능력이 없다면 존재 가치는 절대로 올라가지 않기 때문에 우선 업무에 전력 투구해보자. 무언가 자신의 특기 분야를 가지는 것이 중요하다.

직장에서 보면 각종 자료를 PT로 효율적으로 만들어 보고하게 된다. 하지만 어떤 동료는 같은 자료를 시각적, 감각적으로 한눈에 쏙들어오게 PT를 만들어 상사의 마음을 독차지하는 것을 볼 수 있다.

이처럼 직장 내에서 자신만이 할 수 있는 일, 자신이 아니면 다른 사람이 하기 어려운 일을 만들어 자신의 존재 가치를 높여야 한다.

꿈을 현실로 이루는 과정은 결코 평범한 길이 아니라는 것을 강조해 두고 싶다. 그러나 꿈은 인생의 기폭제가 된다.

사람을
컨트롤하는
사람은
어딘가
다르다

아량이 넓은 사람이 되자

필자는 직업 특성상 다양한 사람을 만날 수 있는 기회가 많다. 그렇다고 해도 대부분이 회사를 경영하고 있는 오너이거나 간부들이다.

지금까지 만난 사람들 중에는 인간적인 스케일이 매우 크다고 느낀 사람이 있는가 하면 잘 파악이 되지 않는 사람도 있었고 조금 완고하고 감정적인 사람도 있었는데 애기를 나누다 보면 자연스럽게 상대의 성격을 대강 알 수 있다.

오랜 경험과 처음 만나는 사람이라도 그 사람의 모든 것을 재빨리 읽어내는 일이 요구되는 직업상의 특성 때문일까.

스케일이 크고 상당한 인물로 게다가 원만한 인품이 배어나는 사람을 관찰해 보면 몇 가지 주시해야 할 점을 발견할 수 있다. 그 중에 하나는 젊은시절에 상당히 고생했던 경험이 있는 사람이 많다는 것을 들 수 있다. 넉넉하지 못한 가정에서 경제적으로 많은 고생을 했다거나 십이 파산을 했다거나 부모가 일찍 놀아가시는 등 무언가 큰 일로 그 사람의 인생도 변해버릴 정도의 고생을 경험한 것이다. 그러나 그 고생을 자신의 지혜와 노력으로 이겨내고 지금의 지위를 일구어낸 것이다.

힘들고 큰 고생을 경험하면 대부분의 사람은 어떤 일이든 비관적인 관점으로 사물을 보고 성격도 조금 비뚤어진 사람이 되기 쉽다. 이런 것을 이겨내는 것이 중요한데 적어도 내가 지금까지 만난 매력 있는 인물들은 그러한 고생을 통해 원만한 성격과 사람을 배려하는 마음을 지닌 사람들이었다.

고난을 만나 비뚤어질지 그것을 뛰어넘어 보통 보다 높은 단계로 올라갈지는 그 시점에서의 자신의 사고방식에 달린 것이 아닐까.

하늘이 자신에게 내려준 시련이라고 생각하고 그것을 이겨냈을 때 한층 더 스케일이 큰 사람이 될 수 있을 것이다.

그런 사람은 고생을 하면서 다른 사람의 아픔을 알게 되기 때문이다.

또한 마음의 도량을 넓혀서 깊은 인품의 사람으로서의 매력을 지니게 되기 때문이다.

젊었을 때의 고생은 그런 인간적인 매력을 몸에 지닐 수 있는 기회가 되기 때문에 장래에 자신에게 크게 플러스가 된다고 생각하면 좋지만 어쩐지 요즘 젊은이들은 그런 식으로 생각하지 않는 것 같다.

어째서 나만이 이런 고생을 해야 하느냐고 자신의 운명을 한탄하는 사람들이 많기 때문이다.

어느 회사의 전무가 젊은사원들의 연수 자리에서 자신의 어린

시절의 고생담을 얘기했다.

지금의 사장이 마침 회사를 창립했던 때로 우리 회사로 와라, 고등학교는 가지 않아도 공부는 얼마든지 할 수 있다고 불러들였다고 한다. 여러 가지 사정으로 고교 진학을 단념하지 못한 채 고민하고 있던 때였기 때문에 결심을 굳히고 입사를 했다고 한다.

그러나 자전거로 커다란 짐을 싣고 거래처에서 회사까지 운반하는 길에 고등학교가 있었고 하교하는 학생들을 보면서 많이 부러워했었다고 한다. 그 중에는 중학교 시절의 동창생도 많아서 자신의 초라한 모습이 부끄러워 얼굴을 가리고 빠른 속도로 지나갔다고 했다. 15~16세의 민감한 때였기 때문에 무리도 아니었을 것이다.

그런 고생이 밑거름이 되어 40년이 지난 지금은 전무라는 높은 자리에 있는 것이다. 다른 사람과 자신의 처지를 비교해서 열등감에 빠질지 이 열등감을 반드시 성공의 토대로 만들지는 그 사람의 사고방식 여하에 달렸다고 생각한다.

즐거운 일도 괴로운 일도 슬픈 일도 많이 경험해서 마음에 새겨둔 희로애락의 감정이 많을수록 훌륭한 인격을 고양시킬 수 있는 것이 아닐까. 특히 괴로움, 슬픔, 분노를 뛰어넘어 그것을 초월했을 때 인간으로서의 깊이가 배어나오는 것이 아닐까 생각한다.

대범함으로 매진하라

힘든 경험을 하다 보면 웬만한 것에는 놀라지 않는 대범함이 생긴다. 대범한 사람을 보고 있으면 인생에 대해 여유를 가지고 자신의 꿈을 실현시켜 가는 것을 볼 수 있다.

꿈은 허황된 생각에서 생기는 것이 아니다. 다른 사람보다 더 고생하고 인생의 희로애락을 많이 경험하면서 그 속에서 자신만의 삶의 방식, 다시 말해 꿈이 생겨나는 것이 아닐까.

아무 고생도 없이 과보호 속에서 자라나서 이게 갖고 싶다, 저것도 갖고 싶다, 이것도 해보고 싶고 저것도 해보고 싶다는 식으로 그때그때의 즉흥적인 변덕스런 발상은 단순한 공상가에 지나지 않는다.

꿈이 넘치는 인생이란 현실의 생활과 연관되어야 한다. 자신의 생활 속에서 장래에 대한 구체적인 계획을 세우고 그것을 노력하여 실현시켜 가는 것이 기본이라고 생각한다.

그리고 그 계획이 설레일 정도로 즐거운 것이고 그것이 현실이 되었을 때 자기 자신의 커다란 기쁨이 됨과 동시에 다른 사람에게도 훌륭하고 가치있는 것이 될 수 있다. 다시 말해서 자기에게뿐만이 아니라 다른 사람에게 있어서도 가치있는 것이어야 한다는 점이 포인트다.

다른 사람이란 가족이어도 좋고 직장동료나 상사여도 좋으며 더 범위가 넓어지면 넓어질수록 좋다고 생각한다.

꿈이란 그런 것을 지향하는 인생이 아닐까.

다른 사람이 기뻐하는 것을 자신의 최대의 기쁨으로 삼을 수 있는 사람은 최고의 인생을 보낼 수 있을 것이라고 생각한다. 그리고 그것이 일에 관련된 것이라면 당신에게 있어서도 직장상사나 동료에게 있어서도 매우 좋은 일이다. 당신의 인생이 그런 인생이 되길 바란다.

다른 사람의 기쁨을 자신의 기쁨으로 삼기 위해서는 마음이 넓어야 한다.

자신의 인생에 대해서 여유를 가지고 있는 사람이라면 인생의 가치관이란 무엇인가 하는 것을 체험적으로 잘 알고 있을 것이다. 고생을 하면서 많은 사람들의 사정을 이해할 수 있기 때문이다. 어쨌든 지금은 일에 전력투구해서 좋은 성과를 올리기를 바란다.

강한 신념이
주위를
변화시킨다

꿈은 클수록 좋다

누구에게나 장래에 이런 것을 하고 싶다고 하는 인생의 꿈을 그려본 적이 있을 것이다. 가수나 디자이너, 프로 축구선수가 되고 싶다는 여러 가지 꿈이 있을 것이다.

그러나 도중에 이런저런 사정으로 꿈이 깨져버리는 경우도 매우 많다. 그럴지라도 젊은 시절의 꿈은 크면 클수록 좋다고 생각한다. 아직 많은 가능성과 큰 선택의 폭이 있기 때문이다.

그러나 꿈이 꿈으로 끝나버린다면 그다지 만족한 인생이라고는 말할 수 없을 것이다. 꿈은 실현시켰을 때야말로 진짜 가치가 있는 것이 되기 때문이다.

최근에는 장래에 자신의 회사를 가지고 싶다고 생각하는 젊은 이들이 늘고 있다.

프리랜서나 아르바이트로 직장을 가지지 않고 일하고 싶을 때만 일을 해서 돈을 벌고 돈이 모이면 놀거나 하고 싶었던 일을 하는 젊은이들이 늘고 있는 것도 사실이지만 장래를 위해서 지금 열심히 일한다는 생각을 가진 젊은이들도 많다.

평생 샐러리맨으로 끝나고 싶지 않다, 자신의 가능성을 시험해 보고 싶다는 생각으로 장래에는 자신의 회사를 경영해 보고 싶어 한다.

사람은 미래에 대한 꿈을 가지고 그 꿈을 실현시키기 위해서 계획을 세우고 수단과 방법을 찾아 실행한다는 것이 인생에 활력을 주는 가장 좋은 방법이 아닐까 생각한다.

장래에 적어도 내 집을 가지고 싶다거나 벤츠를 몰고 싶다는 등 그런 작은 꿈이 아닌 좀 더 큰 꿈을 꼭 가지길 바란다. '할 수 있다, 반드시 해낼 수 있다, 노력을 하면 불가능이란 없다' 라는 각오를 반드시 가지길 바란다.

신념의 매직 에너지

강한 신념을 가지고 행동하면 그 사람에게서 발산되는 에너지가 다른 사람에게도 전해져서 알게 모르게 다른 사람을 움직이는 일이 자주 있다. 이 세상은 아직도 과학으로 규명되지 않은 일들이 많다. 이것도 그 중에 하나가 아닐까.

필자도 젊었을 때에는 과학적인 증거가 없는 일은 믿지 않았지만 50세가 넘도록 살다 보니 과학으로는 증명할 수 없는 일들을 많이 경험하게 되었다.

곤란에 빠졌을 때 신기하게도 도와주는 사람이 나타나거나 다른 사람이 볼 때는 불가능이라고 생각되는 일들이 필사적으로 부딪친 결과 생각지도 못한 성공을 했을 때를 말한다. 이런 때는 자기 한 사람의 힘이 아닌 무언가 눈에 보이지 않는 힘이 작용하여 그것이 다른 사람을 움직여서 도움을 받게 되거나 큰 힘을 빌리게 되는 것이라고 생각한다.

그것은 모든 힘을 한 곳에 집중하여 노력하면 본인의 체내에 어떤 에너지가 생기고 그것이 발산되어 다른 사람을 움직이거나 생각지도 못한 힘을 내는 것이다.

이 에너지를 신념의 매직이라고 불러도 되지 않을까 생각한다. 반드시 해내겠다고 망설임 없이 믿고 마음을 집중하여 노력하면 거기에 신념의 매직이라는 강한 에너지가 발생한다.

그렇지만 장래에 대한 꿈같은 건 아무것도 없어, 난 내 인생을 버렸어 라고 말하는 젊은이들도 있다. 오늘 하루가 재미있고 즐거우면 된다, 내일은 어떻게 되든 지금 오늘이라는 시간이 중요하다는 사고방식이다.

말하자면 순간적이고 퇴폐적이다. 여러 가지 사정으로 이런 사고방식을 가지게 되었을 테지만 자신을 책망해 봤자 문제는 해결되지 않는다. 시간의 흐름과 강한 좌절감을 뛰어넘지 않으면 이런 사고방식에서 탈피할 수 없을 것이다.

당신도 신념의 매직을 믿고 일에 몰두해 보지 않겠는가. 반드시 좋은 결과를 얻을 것이다.

꾸준함이 힘이다

어떤 것이든 꾸준히 하는 것이 중요하다. 한 가지 일에 적어도 10년 정도는 몰두하지 않으면 결과는 얻기 어렵다.

샐러리맨의 경우는 경리 10년, 영업 10년이라는 식으로 한 우물만을 10년 판 사람도 있을 것이고 다른 부서를 2~3개 경험한 사람도 있을 것이다.

어느 경우든 한 회사에서 10년 이상을 일하다 보면 그 업계의 어느 부분에 대해서든 자신이 해온 일에 대해서도 어느 정도 자신 있는 부분이 생긴다. 무엇을 계속 할 것인가도 중요하지만 어쨌든 한 가지를 10년 정도 계속하지 않으면 그 방면에서 베테랑이나 전문가라고는 말할 수 없다.

S씨는 정년퇴직을 한 후에 문인화를 배우고 있다. 오랜 기간 영업을 해왔던 사람이기 때문에 S씨와 문인화가 연관되지 않지만 어쨌든 해보자고 생각했다고 한다.

S씨 집의 현관에는 문인화 도구가 놓여 있다. 아무리 귀가가 늦어져도 술에 취해 귀가했어도 하루에 한 번은 반드시 붓을 들자고 마음을 먹었다고 한다. 친구들과 함께 술자리에 갔을 때 술집에서도 매직펜을 들고 달마 그림을 그려서 주인에게 주었다고 한다.

이런 노력의 결과 S씨는 미술공모전에 출품한 작품이 특선에

당선되었다. S씨의 기쁨은 이루 말할 수 없었다.

어떤 일이 있어도 하루에 한 번은 반드시 붓을 드는 S씨는 지금도 이것을 실천하고 있다. 그야말로 꾸준함은 힘이 된다는 것을 스스로 실천한 것이다. 그럼 당신은 어떤가. 한 가지 일을, 특히 일에 관해서 10년 정도 그런 경지에 이르기 위한 노력을 해보는 것은 어떨까.

나는 반드시 이 일에서 프로 중에 프로로 불리는 레벨이 되겠다고 하는 강한 결의를 가지고 정진한다면 반드시 성공할 것이라고 생각한다. 우선 결의하고 꾸준히 이어가자.

꺾이지 말고 열심히 하길 바란다. 당신의 성공을 빈다.

일을
정복하는 자는
사람을
리드할 줄 아는
사람이다

자신의 한계를 파악하라

예술가처럼 한 명의 천재가 큰 힘을 발휘하는 세계도 있지만 비즈니스 세계에서는 자기 혼자의 힘으로는 한계가 있다. 그렇기 때문에 대형 프로젝트를 하려면 많은 사람들의 힘을 모으는 것이 필요하다.

모든 것을 혼자 처리하는 회사 사장의 하루를 관찰해 보면 아침 일찍부터 저녁 늦게까지 쉬는 일 없이 움직인다. 회사 내의 모든 일을 파악하고 자기 혼자서 판단하고 지시하고 체크를 한다.

업무가 너무 많아서 모든 것을 혼자 처리하는 것이 무리임에도 불구하고 다른 사람에게 맡기려고 하지 않는다. 자신의 한계를 인정하려고 하지 않기 때문이다. 업무를 좀 더 부하에게 맡기면 편할 텐데 라고 생각은 하지만 사원의 청소당번 순서까지 참견하지 않으면 마음이 편하지 못하다.

이런 회사의 업무효율은 결코 좋지 못할 것이다. 사장 한 사람이 생각하고 판단하고 시켜하기 때문에 다른 사람은 사장의 지시가 없으면 스스로 움직이려 하지 않는다. 스스로 판단하고 행동하면 사장으로부터 불호령이 떨어질 상황이 될 가능성이 아주 높기 때문이다.

이런 상황이 계속되면 우수한 인재는 의욕을 잃고 회사를 떠나게 된다. 경영자가 자신의 한계를 알고 업무를 부하에게 맡긴다면 업무의 효율이 높아진다는 점을 이해하지 못하는 것이다.

아무리 우수한 인재라도 슈퍼맨은 없기 때문에 자신의 한계를 아는 것이 중요하다. 자신의 한계를 알면 다른 사람의 힘을 유용하게 활용해야 한다는 사고방식이 자연히 생길 것이다.

다른 사람의 힘을 활용해서 자신의 힘을 두 배, 세 배로 늘리는 것은 어떨까. 특히 두뇌회전이 빠르고 명석한 사람은 주의해야 한다. 다른 사람은 자기보다 못하다는 생각을 가지고 있기 때문에 업무처리가 느리다든가 마무리가 깨끗하지 못하다고 느끼면 불안해서 견딜 수가 없기 때문이다. 자신이 하는 편이 빠르다는 것뿐 아니라 다른 사람의 힘을 빌리는 것을 거절해 버린다.

업무처리 능력이 좋은 사람이 범할 수 있는 문제점이기도 하다.

지시받는 인생으로 만족하는가

회사조직에는 직위가 있고 상사가 있다. 상사의 지시는 업무명령이기 때문에 부하는 원칙적으로 따르지 않으면 안 된다.

상사의 지시를 자주 무시하거나 반항한다면 조직의 질서를 어지럽게 한 것으로 간주되어 해고당할 것이다.

당신이 현재 평사원이라면 지시를 받는 일이 대부분이겠지만 직위가 높아지면 지시를 받기도 하고 내리기도 할 것이다.

누구나 평생 지시를 받는 평사원으로 인생을 끝내고 싶지는 않을 것이다. 지시를 받기만 하는 인생은 너무 재미없지 않은가. 자신의 생각이나 판단에 기초해서 사람들을 이끌고 무언가를 이루어내는 것에서 자신의 역량을 측정할 수도 있지 않을까.

지시를 받는 입장에 있는 사람 중에는 그것에 능숙한 사람과 그렇지 못한 사람이 있다. 요령이 없고 언제나 실수만을 범해서 상사로부터 눈총을 받아, 가지고 있는 능력을 충분히 발휘하지 못하는 사람도 있다. 가능한 한 능숙한 사람이 되어서 언젠가는 뛰어나게 남을 이끄는 입장이 되는 것을 목표로 하길 바라는 바이다.

지시를 받는 것에 능숙한 것을 생각해 보면

- 상사의 지시에 긍정적으로 임하려는 적극적인 자세를 갖는다.
- 직장 내에서 다른 사고방식이나 의견을 하나로 묶고 조정하는 노력 등 어렵고 까다로운 역을 자진해서 한다.
- 업무처리가 뛰어나고 상사의 지시에 충분히 답할 수 있도록 적극적으로 임한다.

- 상사에 대한 충성심을 나타내는 요점을 알고 실적도 충분히 쌓는다.
- 상사의 요망, 생각, 방침 등을 사전에 알아두어 한 발 먼저 그것에 대응한다.

이와 같은 점들을 해낸다면 상당히 뛰어난 부하라고 말할 수 있다. 뛰어난 부하는 뛰어난 상사가 된다.

다른 사람을 리드하는 인생을 목표로 해라

이왕이면 높은 지위에서 다른 사람을 이끌고 지휘하면서 보다 스케일이 큰일을 하고 싶을 것이다. 자기 혼자만의 힘으로는 한계가 있기 때문에 다른 많은 사람들의 힘을 빌릴 수 있다면 보다 더 나은 일을 해낼 수 있다.

당신은 지시받는 인생과 지시하는 인생, 어느 쪽을 원하는가.

지시를 받는 인생은 생각하기에 따라서는 책임이 가볍기 때문에 편할 수도 있다.

사람을 지휘하는 입장이 되면 업무에 대한 책임은 당연히 무거워진다. 업무가 순조롭게 진행되는 경우도 있지만 만약 문제나 사고가 생겼을 경우에는 당연히 그 책임은 지위가 높은 사람에게로 전

가된다. 그 중책을 견딜 수 있는가 하는 것이다. 지시를 받는 입장이라면 당연한 일이지만 책임도 가볍고 부담도 그렇게 크지 않다.

무거운 책임을 진 사람이 마음고생이 심한 나머지 순식간에 머리가 하얗게 됐다거나 위궤양이 되어 피를 토했다거나 하는 얘기들을 들은 적이 있을 것이다. 그렇게 책임이 무거운 입장은 싫다고 생각하는 사람도 있을 것이다. 그러나 업무가 성공적으로 끝났을 때의 기쁨은 특별할 것이다. 힘든 일이 많을수록 성공했을 때의 기쁨은 큰 법이기 때문이다.

많은 사람을 자신의 생각대로 움직이고 어려운 업무를 단기간에 마쳤을 때는 진심으로 자기 자신을 칭찬해 주고 싶어진다.

이왕이면 다른 사람들 위에 서서 그들을 이끌어 가는 인생을 목표로 하는 것은 어떨까.

회사에서 좀처럼 그런 위치에 오르는 것은 어려울지 모르지만 언젠가는 해낸다는 의지를 갖는 것이 중요하다. 다른 사람의 밑에서 명령을 받아 본 사람만이 다른 사람의 고충을 안다. 언제나 학생의 자세로 열심히 배울 각오를 하면 리더가 되는 법을 쉽게 깨달을 수 있을 것이다.

당신도 반드시 장래에는 사람을 이끌어 가는 인생이 되기를 바라며 노력하길 바란다.

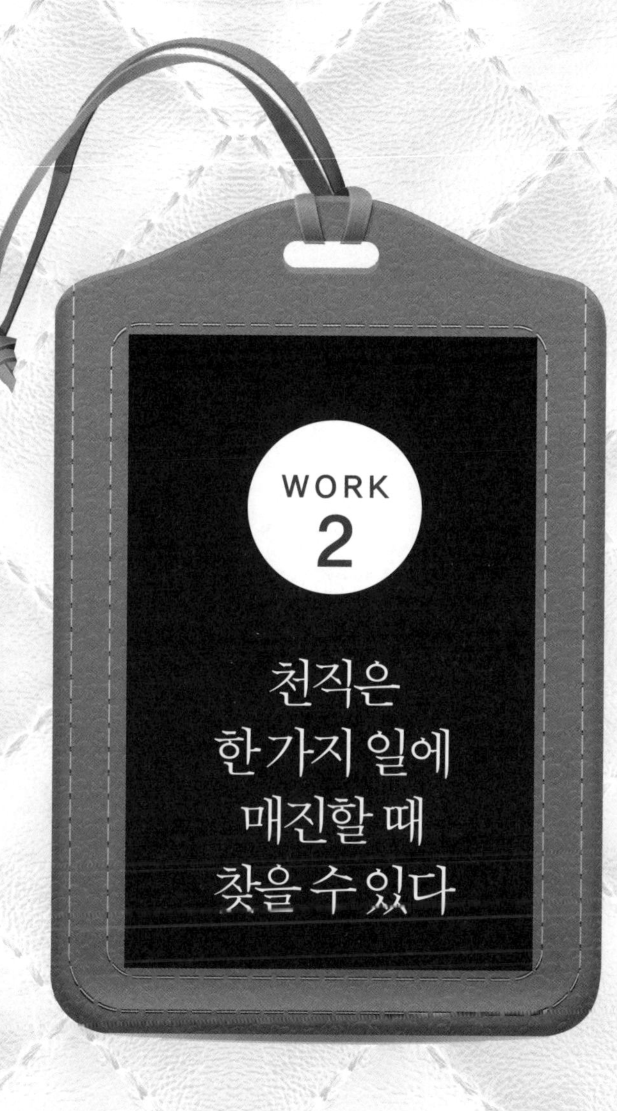
WORK
2
천직은
한 가지 일에
매진할 때
찾을 수 있다

입사
3년 차에
차이를
벌려라

업무에 대한 열의를 가져라

일을 잘 하는 사람은 어쨌든 열심히 한다. 일에 대한 열의가 다른 사람과는 다르다고 생각된다.

신입사원이라면 빨리 업무를 익혀서 한 사람 몫을 해내는 정사원이 되고 싶다는 생각이 어떤 일에서든지 배어난다. 그렇기 때문에 어떤 일에나 스스로가 적극적으로 임하게 된다.

회사의 일은 실패를 하면서 몸으로 배우는 일이 많기 때문에 적극성이 매우 중요하다. 하나하나의 경험이 바로 실력으로 직결되기 때문에 다른 사람의 뒤에서 따라가는 타입의 사람보다 빨리 일을 배우게 된다.

입사 3년 정도가 지나면 대강 업무의 흐름을 파악하고 있기 때문에 매너리즘에 빠지기 시작한다. 이때가 한 번의 분기점으로 이 계단을 뛰어넘으면 다음 레벨로 올라가겠지만 어물거리고 있다가는 앞으로 나아가지 못한 채 상사로부터 신임을 잃게 된다.

같은 업무를 맡았을 때 3년 차 이후부터는 업무를 배우는 일에서 벗어나 일의 레벨을 올리는 쪽으로 업무를 전환하지 않으면 안 된다. 이 기본은 사물의 본질을 파악하는 눈을 키운다는 것에 있다.

예를 들어, 상사에게 보고하는 경우를 들어보자. 우선 어떤 때 어떤 것을 상사에게 보고해야 하는가는 3년 차까지는 미리 익혀 둬야 한다. 3년 차 이후라면 보고내용에서 좀 더 중요한 포인트를 간략하게 상사에게 보고하는 법을 습득하지 않으면 안 된다.

"자네의 얘기는 장황하기만 해서 요점을 알 수 없어. 좀 더 명확하게 결론을 앞서 얘기하도록 하게."라든지 "뭐가 제일 문제인가? 요점이 뭐야?"라는 말을 자주 듣는다면 아직 당신은 보고라는 것을 충분히 이해하고 있지 못한다는 뜻이다.

상대가 쉽게 이해할 수 있도록 요점을 정리해서 결론부터 보고한다면 상사도 쉽게 납득할 것이다.

상사에 대한 보고라는 아주 일상적인 일 속에도 사물의 기본을 잘 파악하고 있는가의 여부가 바로 나타난다. 평소에도 사물의 본질이 무엇인가 하는 문제의식을 가진다면 당신의 업무능력은 향상될 것이다.

만약 현재 조금 매너리즘에 빠졌다고 느낀다면 방향을 바꿔서 그냥 단순하게 기계적으로 일을 하는 것이 아니라 업무능력을 향상시키기 위해서 노력해 보자. 관점을 바꿔서 실력향상에 대해 생각한다면 어떤 면에서 노력을 해야 하는지를 알 수 있을 것이다.

자신보다 실력 있는 사람을 만나자

자기 자신의 실력을 높이려고 생각했다면 자기보다 실력있는 사람과 접촉하는 기회를 많이 가지도록 하자. 자기보다 실력이 못한 사람만 만난다면 그다지 도움이 되지 않는다.

어떤 회사의 지방 지점에 매우 우수한 영업사원이 있었는데 어느 날 그 세일즈맨이 이런 얘기를 해주었다.

"본사에서 한 달에 한 번 사장이나 영업담당 상무가 오기 때문에 누군가가 공항까지 마중을 가지 않으면 안 됩니다. 지사에는 영업사원의 수도 적고 높은 사람과 함께 있으면 신경을 많이 써야 하기 때문에 피곤하다는 생각들이 있어서 모두들 피하려고 하죠.

전 언제나 자진해서 마중을 나갑니다. 그래서 지금은 사장님, 상무님의 마중 역할은 제 담당이라고 정해져 버렸습니다만 저는 절호의 기회라고 생각하고 있습니다. 사장님이나 상무님과 단 둘이서 공항에서부터 지사까지 약 한 시간의 대화를 할 수 있으니까요. 배울점이 아주 많아서 많은 공부가 됩니디.

어째서 모두들 이런 절호의 기회를 싫어하는 것일까요. 전 이해할 수가 없습니다. 스스로 자기가 향상할 수 있는 기회를 버리다니."

이런 이유로 그 영업사원은 자신보다 훨씬 레벨이 높은 사장이나 상무에게 적극적으로 다가가는 것으로 인해 자기 자신의 실력 향상을 꾀하고 있던 것이다.

이런 사고방식으로 노력하고 있는 사람은 역시 눈에 띈다. 업무능력이 점점 향상되고 3~4년이 지나면 동기사원들보다 한층 더 빛날 것이다. 1개월이나 2개월로 그 차이가 보이지는 않겠지만 자신의 실력향상에 노력하고 있는 사람과 그렇지 못한 사람과의 차이는 오랜시간이 지날수록 뚜렷하게 나타날 것이다.

사신보다 실력있는 사람에게 부딪쳐서 자신을 연마한다는 마음가짐을 꼭 가지고 실행하길 바란다.

의문은 그 자리에서 해결하자

일을 하다 보면 여러 가지 의문이 생길 때가 있다. 지식부족으로 모르는 것이나 업계 특유의 관습이나 회사의 규칙 등 그 외에도 많을 것이다.

만약 당신이 어떤 의문을 가지는 부분이 있다면 철저하게 그것을 찾아내어 그 의문이 풀리도록 노력하는 것이 필요하다. 입사한지 얼마되지 않았을 때에는 무엇을 모르는지도 모르는 상황이지만 3년 정도가 지나면 회사의 사정을 파악하게 되고 사회나 업계나 업무의 내용도 조금은 이해하게 될 것이다.

그런 단계에서는 의문이 많아지게 된다. 의문이 별로 없다는 것은 문제의식이 낮다는 증거이다.

예를 들어, 자금이 동반되는 기획에는 품의결재(稟議決裁)가 필요한 경우가 많을 것이다. 그럴 때 왜 품의서가 필요한가 라는 의문이 드는가 하는 여부이다. 지금 회사에서 아주 당연하게 이루어지는 절차 같은 것에 대해서 어째서일까, 이대로 괜찮은 것일까 라는 의문을 갖는 것에서 발전은 시작된다.

이런 경우는 이렇게 해야만 하는 것이구나 라는 이유를 우선 배우자. 그리고 그 규칙을 실제로 이용해 보자. 다음엔 이 규칙이 어째서 필요한지, 이대로 정말로 괜찮은 것인지를 생각해 보자. 즉, 의문을 갖는 것이다. 아주 당연하게 이루어지는 것에 대해 의문을 가지는 것이 발전의 출발이다.

1+1=2지만 어째서 2인가 라는 의문을 갖는 것에서 시야가 넓어지고 당신의 업무실력이 향상되는 것이다. 사물을 깊이 있게 관찰하는 것이 업무능력을 향상시키는 원동력이 되기도 하는 것이다.

이상의 나열한 점들에 유의해서 당신의 업무능력을 크게 높이길 바란다.

집중력
향상은
매일 목표를
설정하는
데 있다

긴장과 이완의 균형을 맞추자

긴 시간 정신을 집중하는 것은 매우 힘든 일이다. 정신집중은 긴장의 연속이기 때문에 긴장을 유지할 수 있는 에너지가 얼마나 있는지가 중요하다.

너무 과도한 긴장은 정신의 밸런스를 무너뜨려 버리는 일이 있는데 비즈니스에서의 그런 경우는 특별한 사정이 있을 때뿐일 것이다. 정신집중을 계속하기 위해서는 긴장과 이완의 밸런스를 적당히 맞추는 것이 중요하다. 업무시간에는 업무에 집중하고 업무를 떠났을 때는 기분을 완전히 전환해서 일은 잊어버리는 것이 좋다.

그러나 바쁜 현대의 비즈니스맨은 퇴근 후에도 일에 대한 생각이 좀처럼 머리에서 떠나지 않는다. 때에 따라서는 집까지 일을 가지고 와서 잔업을 하는 경우도 있다.

이렇게 되면 스트레스가 쌓여서 결국엔 일에 정신을 집중하는 것이 힘들어진다. 하루 종일 왠지 모르게 머리가 무겁고 나른한 기분으로 업무능률이 오르지 않는다. 그렇기 때문에 잔업이나 집까지 일을 가져오는 일이 오히려 더 많아지게 되는 악순환이 되는 것이다.

정신을 집중하기 위해서는 긴장과 이완의 밸런스가 중요하므로 결국 이것에 능숙한 사람이 결과적으로는 정신집중에 성공하는 것 같다.

학창시절에 모든 신경을 집중할 수 있는 시간은 10분 정도가 한계라고 배운 적이 있다. 이것은 좀 과장되었다고 치더라도 장시간 정신집중을 한다는 것은 그렇게 쉬운 것이 아니다.

회사에서의 잔업시간이 한 달에 100시간을 넘는 사람이 있는데 그 실태를 살펴보면 일에 집중하는 것보다 되는 대로 시간을 보내다가 결국엔 잔업을 하게 되는 상황이 많았다.

적어도 업무에 맺고 끊음을 주는 노력이 필요하다. 오늘 하루는 이것과 저것을 여기까지 하자고 스스로 목표를 세워서 어느 정도 매듭이 지어질 때까지 정신을 집중해서 일을 하는 것이 좋다.

즐거움과 중요성을 느끼는가

일에 즐거움과 중요성을 느낀다면 저절로 정신집중이 된다. 재미있기 때문에 일에 열중하게 되는 것이고 매우 중요한 일을 담당했다고 느끼면 느낄수록 진지하게 처리해야 한다는 긴장감이 높아지기 때문이다. 일이 재미없다, 대단한 걸 하는 것도 아닌데 라는 생각이 강하면 강할수록 긴장감은 풀리고 집중력을 잃게 된다.

그렇기 때문에 일이 즐겁지 않으면 안 된다. 싫다 싫어 라는 마음이 있으면 정신집중이 될 리가 없다.

또한 이런 시시한 일을 왜 내가 해야 하는가 라는 일에 대한 불만을 가지고 있어도 집중력을 잃게 된다.

만약 당신이 이런 상황이라면 조금 생각을 바꿔보지 않겠는가. 시시하고 재미없는 일이라고 생각하고 있다면 만약 이 재미없는 일을 모두가 피해서 할 사람이 없어진다면 어떻게 될까 라고 생각해 보지 않겠는가. 아무도 하지 않는다면 결국 회사 전체의 일이 어떻게 될지를 생각해 봐야 한다.

당신이 재미없다고 생각하는 일이 사실은 매우 중요한 일일지도 모른다.

또한 이 재미없는 일을 즐거운 일, 중요한 일로 만들기 위해서는 어떻게 해야 할지를 생각해 보는 것도 한 방법이다. 사물은 어떤 것이든 생각에 따라서 좋게도 나쁘게도 되는 것이다. 중요한 것은 본인이 어떻게 생각하는가, 즉 바로 사고방식의 문제이다. 긍정적으로 밝게 생각하는가, 부정적으로 어둡게 생각하는가 하는 사람마다의 사고방식의 차이다.

어치피 해야 될 것이라면 긍정적으로 밝게 생각해서 사태를 좋은 쪽으로 끌고가는 노력을 하는 편이 모든 면에 있어서 최적의 것이라고 생각하지만 당신은 어떤지.

적극적인 자세로 잡념을 떨쳐버리자

인간은 여러 가지 잡념에 쫓기는 동물이다. 일을 하고 있을 때에도 이 일은 과연 성공할 것인가, 해봤자 소용없는 것은 아닌가, 결과가 어떻게 될지 잘 모르겠다, 아무래도 별로 좋지 않을 것 같다, 이상한 예감이 든다 등 여러 가지가 있을 것이다. 이런 잡념에 쌓이면 정신집중이라는 것과는 아주 멀어지게 된다.

잡념은 떨쳐버려야 하지만 그렇게 쉽지는 않을 것이다. 계속해서 여러 가지 일들이 떠올랐다가 사리져 버린다.

그렇기 때문에 어떤 일을 할 때든지 그 일에 대한 기대효과를 생각하고 반드시 그에 부응할 수 있다고 생각하는 것이 중요하다. 잘 될 것이다, 반드시 성공한다고 자신에게 얘기하는 것이다.

말하자면 자기 자신을 채찍질하는 것이다. 그렇게 해서 필요없는 잡념이 들지 않도록 노력하는 것이 필요하다. 성공을 믿고 그것을 향해서 돌진하는 의욕이 필요한 것이다.

마음은 항상 공격하는 상황이어야 한다. 수비하는 자세가 되면 행동도 수비하는 쪽으로 따라가기 때문이다.

어느 회사에서 월간 매출이 전년 같은 달에 비해 마이너스가 되었다. 마이너스가 된 적은 과거 10년 간 한 번도 없었기 때문에 영업본부장은 급히 전 영업사원을 소집해서 결의대회를 가졌다.

본부장은 '영업사원의 자세가 수비적인 자세가 되어 있다. 이래선 안 된다. 상황이 곤란한 것은 알지만 이 곤란에 대항하는 마음을 갖지 않으면 매출은 늘지 않는다, 여러분이 새로운 각오를 하는 것이 최대의 포인트다.' 라고 말하며 기합을 넣었다.

다시 말해서 돌진하는 자세로 정신을 집중하라는 것이다.

잡념이 들지 않도록 돌진하는 자세로 정신집중을 하자.

팀 안에서의
작업은
정보공개를
철저히 하라

주위를 끌어당기는 소용돌이를 만들어라

여러분들에게도 경험이 있을 것이라고 생각하는데 시작에서 막히는 일은 마지막까지 애를 먹여서 순조롭게 진행되지 않는 경우가 많은 법이다.

반대로 시작이 순조로운 일은 그대로 순탄하게 진행되어 마지막까지 그 흐름을 유지해서 성공하는 패턴을 많이 볼 수 있다.

일은 처음이 중요하다. 흐름이 부드럽다면 사전준비가 충분히 되어 있기 때문이다. 벼락치기식의 방식으로는 순조롭게 갈 수 있을 리가 없다.

어떤 일이든지 몇 명인가의 사람들이 직접적, 간접적으로 노력해서 실행하는 경우가 거의 대부분인데 많은 사람이 팀을 이루어 일을 하는 경우 누가 중심이 되느냐가 매우 중요하다. 누군가가 중심이 되어 일을 진행하는 흐름을 만들고 그 흐름 속에 모두를 끌어당기지 않으면 일은 순조롭게 진행할 수 없다.

난 지업상 연수회의 강사를 맡는 일이 많은데 젊은 사람, 예를 들어 입사 3년 차인 사람들의 연수회에서 그룹토론을 할 때가 있다.

물론 그룹의 멤버는 직위상의 상하관계가 없고 동기입사이기 때문에 평등하다. 리더도 진행위원도 정하지 않고 토론을 시키면 한동안은 우물쭈물하지만 그러는 동안 반드시 누군가가 어느 샌가 리더 역을 맡게 된다.

리더 역을 맡은 사람이 강한 리더십을 발휘하면 그 그룹의 토론은 활발해지고 리더가 의지意志하는 쪽으로 정리가 되어간다. 그러나 누가 리더인지 확실하지 않은 상태가 계속되는 그룹은 토론이 원점에서 맴돌거나 서로 주장을 굽히지 않거나 흥미를 갖지 못하고 이렇다 할 의견이 나오지 않는 채 끝나버린다.

리더란 하나의 흐름을 만들어낼 줄 아는 사람이다. 소용돌이처럼 강한 의욕으로 중심을 향해 멤버를 끌어당기는 힘이 있다면 일은 순조롭게 진행될 것이다.

그럼 소용돌이를 만들어내기 위해서는 어떻게 해야 하는가, 무엇을 계기로 해야 할지를 생각해 보자.

확실한 사고방식을 갖자

일을 진행하는 소용돌이를 만들기 위해서는 확실한 사고방식을 가지는 것이 필요하다. 상대를 소용돌이 속으로 끌어당긴다는 것은 말하자면 상대가 자신의 사고방식에 찬성하고 협력해준다는 의미이다. 협력해 주는 정도가 매우 적극적으로 강하다면 더할 나위가 없을 것이다.

그러나 항상 현실이 그렇지만은 않다. 반대 의견의 사람도 있으며 소극적으로 찬성하는 사람도 있을 것이다. 그런 사람을 설득해서 적어도 일에 대한 최소한의 공통인식을 확인해 두지 않으면 안 된다.

좀처럼 의견이 정리되지 않는 그룹을 살펴보면 다음과 같은 것들이 눈에 띈다.

- 리더가 확실하지 않다.
- 자신의 의견을 주장하는 사람이 많아서 하나로 모아지지가 않는다.
- 토론의 방법이나 진행이 좋지 못하다.
- 멤버들에게 공통 사항, 공통 경험, 공통 지식 등이 결여되어 있다.
- 일정시간 속에 무엇을 어디까지 하겠다는 계획없이 진행하고 있다.

어떤 일을 하든지 자신만의 사고방식을 확실하게 가지고 임한다는 점이 중요하다. 다른 사람과의 관계에서 자신이 리더라면 멤버들을 자신의 페이스로 끌어들일 수 있는가가 중요하다. 그

부분에서 설득력이 요구된다.

설득이란 상대의 공감을 얻는 일이다. 확실히 당신의 말대로이다, 그 의견에 찬성하게 되면 설득은 일단 성공한 것이다. 과연 당신의 말씀은 반론할 여지가 없지만 그렇다고 100% 납득한 것은 아닙니다 라고 나오는 경우도 많다. 일단 따르긴 하지만 마음속으로 완전히 찬성하는 것은 아닌 것이다. 인간은 감정의 동물이기 때문에 이치가 그렇더라도 감정적으로는 그렇다고 말할 수 없는 경우가 많은 법이다.

일을 진행할 시에 이 감정적인 응어리를 어떻게 없애 나아갈 것인가 하는 점이 중요하다.

설득에서 납득까지의 과정

설득이란 상대가 이쪽의 생각이나 행동을 인정하는 것이고, 납득이란 상대의 마음이 이쪽에 찬성하고 적극적으로 협력해 주는 것을 말한다.

감정적인 응어리가 있으면 좀처럼 납득이라는 선까지 가기 힘들다. 일을 하는 데 있어서 가장 중요한 것은 그 일의 진행방침이나 방법 등을 관계자가 납득하고 있는가 하는 점이다. 납득을 했다면 협력관계를 얻기 쉽고 일도 비교적 순조롭게 진행될 것이다.

납득시키기 위한 방법은 많이 있지만 그 중 하나는 정보의 공개다. 일을 함께 하는 사람이 가능한 한 모두가 공통의 정보를 가지는 것이 포인트다. 어떤 사람은 알고 있는데 다른 사람은 모르고 있다는 것에서부터 문제가 생기기 때문이다.

예를 들어, 어떤 일을 제외하기로 했는데 그 사실을 알고 있는 사람은 그것은 처음부터 하지 않기로 한 것 아니냐고 화를 낼 것이고, 모르고 있던 사람은 지금까지의 관습으로 볼 때 당연히 해야 하는 것으로 생각했는데 질책을 당하게 된 후 어째서 확실하게 알려 주지 않았냐고 화를 낼 것이다.

이런 극히 사소한 오해에서부터 팀웍에 틈이 생기고 협력관계가 무너져가는 것이다.

그 사람은 사전에 알고 있었으면서 왜 내게 알려주지 않았는가, 나를 경시하고 있는 것이 아니냐 같은 자꾸 나쁜 쪽으로 억측을 하게 된다. 따라서 당연히 감정적인 응어리가 남기 때문에 다른 사람과의 협력 관계가 망가져 버리는 것이다.

정보는 될 수 있는 한 개방해서 멤버 전원이 같은 조건에서 일을 할 수 있도록 하는 것이 매우 중요하다.

일을 할 때 이 정보의 공개라는 것은 빠뜨릴 수 없는 포인트가 된다. 정보의 공개야말로 모두가 납득하기 위한 전제조건이라고 할 수 있다.

멤버 상대가 감정적인 불만을 가지지 않도록 좋은 타이밍에 함께 정보를 공개하는 노력을 하지 않으면 납득이란 쉽사리 얻어질 수 없을 것이다.

그럼에도 납득을 하지 않는 사람은 반드시 있는 법이다. 어떤 때든 어떤 일에든 모든 사람을 끌어당기는 것은 불가능하다고 생각하지만 할 수 있는 모든 노력을 다해 설득에서 납득으로의 과정을 밟아가길 바라는 바이다.

능력있는
비즈니스맨에게
필요한
세 가지 기술

젊은이에게 필요한 기술, 리더에게 필요한 기술

비즈니스맨에게는 테크니컬 기술, 휴먼 기술, 컨셉추얼 기술이라는 세 가지 기술이 필요하다고들 한다.

테크니컬 기술이란 일을 하는 데 필요한 지식이나 기술적인 능력이다. 휴먼 기술이란 사람을 리드하는 능력이다. 컨셉추얼 기술이란 과課나 부서 또는 회사 전체의 방침이나 전략을 생각하고 실행해 가는 능력이다.

젊은 사원이라면 일을 하는데 필요한 최소한의 지식이 우선 요구된다. 다시 말해서 테크니컬 기술이 없으면 일을 할 수 없기 때문에 이것을 익히기 위해 노력해야 한다.

우선 자사自社에서 만들거나 취급하는 제품이나 상품에 대한 기본적인 지식이 필요하다. 자신의 회사 상품에 대해서 최소 이 정도의 지식이 없으면 곤란하다. 영업이나 제조를 담당하고 있는 사원이라면 보다 자세하게 공부를 해야 한다.

총무나 경리를 담당하고 있는 사람노 낭연히 자사自社의 상품에 대한 지식이 필요하지만 업무상에서는 영업이나 제조담당의 사람만큼 자세한 지식이 요구되지는 않는다. 그 대신 총무라면 법률이나 사칙社則 같은 것을 잘 알고 있어야 하고 경리라면 기업회계원칙, 상법, 세법稅法 같은 것에 능통하지 않으면 테크니컬 기술이 충분하다고 말할 수 없다.

말하자면 테크니컬 기술이란 담당 업무를 추진하기 위해 필요한 지식이나 능력이다.

직장에서 리더를 맡게 되면 휴먼 기술이 필요하게 된다. 사람을 이끌기 위해서는 어떻게 해야 하는지에 대한 지식이나 능력이다. 사람과 사람과의 관계를 유연하게 유지하고 원만한 관계를 구축해서 하나의 목표에 전원이 힘을 합칠 수 있도록 하는 것은 상당히 어려운 기술이다.

그렇기 때문에 직위가 높아짐에 따라 테크니컬 기술과 휴먼 기술이 함께 요구된다. 직위가 더욱 높아지게 되면 부서 내의 방침이나 전략이나 시스템의 이상적인 형태 등에 대해서 생각하고 방향을 정해나가야 한다. 즉, 컨셉추얼 기술이 요구되는 것이다.

이처럼 직위가 높아질수록 휴먼 기술과 컨셉추얼 기술이 요구되는 비중이 높아진다.

업무의 폭을 넓히고 깊이 있게 하기 위해서는 테크니컬 기술, 휴먼 기술, 컨셉추얼 기술의 세 가지 기술의 밸런스를 조절해야 한다.

업무의 폭과 깊이를 만들기 위해서는 테크니컬 기술만으로는 무리이기 때문에 휴먼 기술이나 컨셉추얼 기술의 비중을 높이지 않으면 안 된다.

젊을 때부터 중심 클래스의 사원이었다면 특히 휴먼 기술을 연마하는 것이 좋다고 생각한다. 다른 사람과의 관계를 유연하게 유지하면서 결과적으로는 상대의 협력을 얻을 수 있다면 일의 성과가 크게 높아질 것이다.

물론 테크니컬 기술이 충분히 갖춰졌을 때 비로소 발휘할 수 있는 것으로 그렇지 못하면 모래성이 될 염려가 있기 때문에 그 점도 잊어서는 안 된다

다른 사람의 충고를 소중히 여겨라

아무리 사이가 좋은 친구라도 너의 이런 점은 나쁘다고 대놓고 애기한다면 다소 울컥하게 되는 법이다. 자신의 결점이 정통으로 지적당하면 순간적으로 누구든지 화가 날 것이다.

왜냐하면 자신의 결점 같은 것은 다른 사람에게 보이고 싶지 않기 때문이다. 자기는 누구에게도 드러나지 않도록 해왔는데 갑자기 그것을 정통으로 지적당한 꼴이기 때문에 온몸에 감전된 것 같은 충격을 받을 것이다.

그러나 자신의 결점을 직접 애기해 주는 친구만큼 고마운 존재는 없다. 친한 사이라도 그런 것은 정면에서 말하기란 좀처럼 쉽

지 않다. 그렇기 때문에 그런 친구는 소중히 해야 한다.

결점을 고친다는 것은 아주 큰일이므로 그것을 해내는 것은 매우 훌륭하다고 생각한다. 일본의 장기 명인 오오야마 씨는 다음과 같이 말했다고 한다.

"타이틀을 따기 위해서는 결점이 있어서는 안 됩니다. 젊을 때 완전히 고치지 않으면 8단이나 9단은 될 수 있을지 몰라도 타이틀은 딸 수 없습니다."

결점이 있으면 상대는 철서하게 그곳을 파고들기 때문에 어려운 싸움을 이기기 위해서는 결점을 가져서는 안 된다는 얘기이다. 비즈니스의 세계는 승부사의 세계만큼 심하지는 않지만 이 말을 귀담아 들을 필요가 있다.

그렇기 때문에 더욱더 자신의 결점을 확실하게 얘기해 주는 친구는 소중히 해야 하는 것이다. 화가 난다고 해도 일리가 있다고 생각한다면 깊이 반성하는 것이다. 그랬을 때 다른 새로운 세계가 펼쳐질 것이다. 지적당한 자신의 결점을 고침으로써 새로운 자신을 만들 수 있기 때문이다.

일의 폭을 넓히고 깊이를 만든다는 것은 자기 자신을 바꿔나가는 것이기도 하다. 확실히 자기 자신을 바꾸지 않으면 업무의 처리방식이나 사고방식은 변하지 않는다.

　시점을 바꿔서 객관적으로 자기를 바라보는 것은 매우 중요한 일이지만 바쁜 하루를 보내다 보면 금세 그런 것은 잊어버리고 일을 하게 된다. 그럴 때 충고를 해주는 사람이 있다면 정신이 번쩍 들 것이다. 그때 화를 낸다면 모든 것이 끝나기 때문에 한 발 물러서서 감정을 누르고 생각해 봐야 한다.

　아무리 현명한 사람이라도 때로는 그 자리에서 감정을 억제하지 못하고 울컥하게 되는 일도 있을 것이다. 그러나 다음날 반드시 반성하고 오히려 충고를 해준 사람에게 감사의 마음을 갖게 된다. 이 점이 평범한 사람과의 차이가 아닐까 생각한다.

　사람이기 때문에 때로는 감정을 조절하기 힘든 경우도 있을 것이다. 그러나 일정시간이 지났을 때 침착함을 되찾고 깊이 반성할 수 있는 사람이 일에서도 반드시 성공하는 것이다.

WORK
3
일의 달인이
인생의 달인이다

1년 전과
비교해서
차이부분을
확인하라

전문지식만 가득한 바보가 되지 마라

가끔 하나 밖에 모르는 바보라는 험담을 듣는 사람을 볼 수 있다. 하나 밖에 모르는 바보란 본인의 전문분야 이외에는 전혀 아무것도 모른다고 해도 좋을 정도로 무지한 사람을 말한다.

전문적인 지식과 경험은 훌륭하지만 그것만으로는 부족해 라는 말을 듣는 사람이다. 회사라는 조직 속에서 살아가기 위해서는 여러 사람과의 협조와 노력으로 일을 추진하지 않으면 안 된다. 또한 근무경력이 오래되면 당연히 리더로서 그룹을 이끄는 역할도 해야만 한다.

하나 밖에 모르는 바보라는 말을 듣는 사람은 대부분 다른 사람과 협조나 협력을 해서 일을 하는 것을 싫어한다. 자신의 페이스로, 자신의 생각대로 되지 않으면 성에 차지 않는 타입이다. 자신의 생각대로 되지 않으면 상사든 선배, 동료든 대드는 일이 많다. 대부분의 사람이 그것은 무리라고 생각해도 자신이 좋으면 억지로 밀고 나가는 일이 많다.

그렇기 때문에 특이한 사람이라는 이미지가 정착되어 누구도 함께 일을 하고 싶어하지 않는다. 자연히 모두에게 무시되고 일부러 멀리하는 상황까지 되어 버린다. 자신의 전문분야 이외의 것에 대해서는 전혀 관심을 나타내지 않게 되는 것이다.

조직 속에서 살아가기 위해서는 모두를 배려하는 역할도 하지 않으면 안 된다. 힘든 리더역도 맡지 않으면 안 되는 것이다. 즉, 전문분야 이외의 사람과 사람의 관계를 순조롭게 유지하는 지혜가 필요하다.

조직 속에서는 아무리 자신이 전문분야에 뛰어나다 하더라도 다른 사람과의 협력을 얻지 못하면 좋은 성과로 이어지지 않는다. 하나밖에 모르는 바보라고 불리는 사람은 자기가 자신의 한계를 만들고 있는 것이다.

그릇의 크기가 일의 크기를 정한다

그 사람의 그릇의 크기가 일의 스케일도 결정하는 것 같다. 일에는 지식이나 노하우, 경험이 필요하지만 비즈니스 기회를 잡는 능력도 매우 중요하다. 거기에 인맥과 여러 가지 많은 조건들이 합쳐져서 일의 스케일이 결정되는 것이다. 그렇기 때문에 지식이나 경험만으로는 안 된다.

근속 5년부터 10년 정도의 중견사원이 되면 일에 대한 지식이나 경험은 이미 상당하다고 해도 과언이 아닐 것이다. 그렇게 되면 지식이나 경험 이외의 요인이 포인트가 된다. 일 이외에는 아무것도 모르는 좁은 세계에 살고 있으면 좁은 인생이 되어 버린다. 일의 폭도 어느 샌가 좁아져서 스케일이 큰일을 할 수 없게 된다.

젊었을 때, 적어도 20대에는 지식이나 경험을 무작위로 흡수하는 것이 필요하지만 30대가 되면 그것만으로는 일의 폭이나 깊이를 낼 수 없다. 여러 사람과 만나면서 자기 자신의 인간관계의 폭을 넓히는 노력을 하지 않으면 안 된다.

될 수 있으면 자신과 다른 세계에 살고 있는 사람과 친분을 가지는 것이 좋다. 그런 사람이라면 사고방식이나 발상도 다를 테고 지니고 있는 지식이나 경험도 다르기 때문이다. 그보다 젊은 당신은 아마 신선한 충격으로 대할 수 있을 것이다. 그리고 그것에 대해 거부 반응을 일으키는 것이 아니라 자신의 피와 살로 만들어야 한다.

그렇게 되면 인간관계의 폭이 생기고 시야도 저절로 넓어진다. 일에 대해서도 지금까지와는 다른 시점에서 생각할 수 있게 된다. 그것이 진보라는 것이다. 30대가 되면 적극적으로 여러 사람과의 교류 속에서 자기 자신에게 없는 것을 얻어내려는 노력이 필요하다.

자신의 인간으로서의 그릇이 커진다면 일의 스케일도 그렇게 응당하게 커질 것이다.

1년마다 얼마나 성장했는지를 체크해 보자

입사를 처음 했을 때에는 회사의 업무 같은 것은 전혀 알지 못하지만 1년이 경과하면 입사할 때의 자신과는 상당히 다른 모습으로 성장했다는 것을 확실히 알 수 있다.

그럼 2년이 경과했을 때 1년 전의 자신과 비교해서 얼마나 성장했는지 알 수 있는가? 3년이 경과했을 때는 어떤가?

해를 거듭하면서 자신이 1년 간 얼마만큼 성장했는지를 확실히 알 수 없게 된다. 경우에 따라서는 퇴보를 한 게 아닐까 하는 생각을 할 수도 있다. 요령 좋게 농땡이를 치거나 일을 적당히 하는 법을 배우게 되면 성장이라는 것보다는 퇴보라는 것에 가까워진다.

그런 연유로 특히 젊은 사람들에게 제안하고자 한다. 20대는 20대의 목표를, 30대는 30대의 목표를 생각하라는 것이다. 말하자면 10년간의 장기 목표를 세우라는 말이다. 20대에는 무엇을 할까, 30대에는 무엇을 할까 라는 식이다. 그리고 10년간의 장기 목표에 비추어 이 1년간은 무엇을 목표로 할까를 생각하자. 그것을 해법으로써 자신의 성장을 체크해 볼 수 있다.

일을 빼면 아무것도 남지 않는 사람이 되지 않기 위해서라도 부디 꾸준히 목표를 실천해서 1년마다의 결과를 스스로 확인할 수 있도록 해야 한다.

인간으로서의 밸런스를 지닌 성장을 하기 위해서라도 1년마다 자신의 성장 모습을 확인하는 것이 가장 좋다. 결국 일을 잘하는 사람은 다른 사람의 지지가 많이 모인다는 얘기이다. 동료들로부터 기대를 받고 중견 사원 이상이 되면 부하들로부터 존경을 받을 수 있는 사람으로서 성장해야 한다

특히 부하는 상사의 인격을 지켜본다. 일뿐인 인생으로 일을 빼면 아무것도 남지 않는 사람에 대해서는 일단 경의는 표하지만 그런 사람이 되고 싶지 않다는 마음이 반드시 들 것이다.

부하들로부터 마음에서 우러난 존경을 받지 못한다면 집단에서 파워를 발휘할 수 없다. 일도 척척 해내고 사생활에서도 전문가를 뺨칠 만한 취미를 가지고 인생을 즐기는 사람을 부하들은 동경한다. 함께 술을 마셔도, 사적인 일로 자택을 방문해도 언제나 일에 대한 얘기만을 하는 상사에게는 부하가 따르지 않는다.

장래에 나도 그런 사람이 되고 싶다고 생각될 만한 매력을 기져야 한다. 일밖에 모르는 남자는 필요 없다.

젊었을 때부터 이러한 점에 유의해서 자신을 연마하는 노력이 중요하다. 조금씩 꾸준히 쌓아간 것이 결국엔 훌륭한 결과를 가져온다. 당신의 노력을 기대하는 바이다.

성숙한
기품이
사람을
끌어모은다

사람에게는 사람 나름대로의 분위기가 있다

함께 있으면 왠지 즐겁고 의지가 되며 자기도 모르게 속을 털어놓게 되는 사람이 있다.

일에도 취미에도 폭이 넓고 화제가 끊이지 않는 사람이지만 결코 자기가 먼저 얘기를 꺼내는 일이 없고 상대의 얘기를 잘 들어주는 사람이다. 그러면서도 틈틈이 꺼내는 얘기에는 교양의 깊이가 배어나오는 사람이다.

이런 사람에게 사람의 매력을 느끼게 된다. 만약 그런 사람이 자신의 주위에 있다면 굉장히 즐거울 것이다. 내 재능을 일깨워 주고 배울 수 있는 점들이 반드시 많을 것이다. 그래서 다양한 사람들이 그 사람 주위에 모이게 되는 것이다.

사람이 사람에게 반했다는 얘기를 자주 듣는데 반하게 하는 사람은 지금까지 나열한 것처럼 틀림없이 사람의 분위기가 강렬한 매력일 것이다.

사람으로서의 매력은 본인의 큰 노력으로 만들어지는 것으로 결코 우연히 생기는 것이 아니다. 매력의 원인이랄까 가장 큰 요인이 되는 배경을 생각해 보면 먼저 한 가지에 뛰어나다는 것을 들 수 있다. 다른 사람과 비교해서 무언가 뛰어난 점이 있다는 것이 필요조건인 것이다.

어떤 한 가지에 뛰어나기 위해서는 그만한 노력과 고생이 반드시 있는 법이다. 그냥 하루하루를 지내서는 결코 뛰어날 수가 없다.

노력과 고생의 과정 속에서 여러 가지 경우를 만나게 된다. 곤란한 상황을 극복함으로써 사람이 단련되어 가는 것이다.

그런 과정을 거쳐서 단맛 쓴맛을 다 맛본 고생을 했을 때 비로소 진실된 참맛이 나온다. 그 결과로 뭐라 표현할 수 없는 사람의 매력을 갖게 되고 많은 사람이 주위에 몰리게 되는 것이다.

무언가 한 가지 분야에서 다른 사람과 비교했을 때 뛰어날 수 있는 노력을 해주길 바란다. 그렇게 한다면 당신도 반드시 매력적인 사람이 되리라고 생각한다.

유연성 있는 마음을 가지자

사람은 마음이 좁아서는 매력이 없다. 큰 아량이 없으면 많은 사람들에게 호응을 얻을 수 없다. 그러기 위해서는 어떤 상황에도 대응할 수 있는 유연한 마음이 필요하다. 마음의 여유가 없으면 감정적이 되어버린다.

예를 들어, 자신의 생각이나 의견을 반대하면 울컥하거나 자기가 없는 곳에서 비판당한 일을 나중에 알고 화를 내는 것이다. 마음이 넓고 유연하며 변화에 대응할 수 있으면 '뭐, 그럴 수도 있겠지’라고 가볍게 흘려버리거나 자신의 반성의 계기로 삼을 것이다.

그렇게 해봤자 소용없다는 느낌을 상대에게 전해주게 되어 맥이 빠질 것이다.

그래서 상대도 그 이상으로 연연해하는 것을 버리게 된다. 경우에 따라서는 스케일의 큰 차이를 느끼고 오히려 영향을 받게 되기도 한다.

그런 유연한 마음은 어디에서 생기는 것일까? 우선 첫 번째는 자신과 똑같은 생각을 가진 사람은 없다고 생각해야 한다. 다른 사람은 그 사람 나름대로 다른 입장이 있으며 사고방식도 다르다는 것이 당연하다는 기본 인식이 중요하다. 자기 이외의 사람들의 생각이나 입장이 다르다는 것은 전제조건이므로 오히려 어떻게 하면 그 사람을 자신의 곁으로 끌어당길 수 있을 것인가를 생각해서 어떤 상황에서도 대응할 수 있어야 한다.

울컥하거나 큰 소리로 화를 내는 것은 상대도 자기와 같은 생각을 해야 한다는 마음이 무의식적으로 자리잡기 때문이다. 그 마음을 조절하지 못하면 감정이 폭발해 버리는 것이다. 그렇기 때문에 자기와 다른 사람은 생각이 다르다는 것이 당연하다는 점을 확실하게 인식해야 한다. 그렇게 되었을 때 마음에 여유가 생기는 것이다.

아량이 넓은 사람은 이 점이 확실하게 되어 있는 사람이다. 예를 들어, 자신의 생각과 다르다고 해도 화를 내지도 소리를 높이지도 않는다.

이런 것들이 몸에 배인다면 매우 스케일이 큰 매력적인 인물로서 여러 사람들로부터 칭송받게 될 것이다

기품과 차분함이 매력을 배가시킨다

사람의 매력은 앞에서 나열한 어느 한 가지에 뛰어나야 한다는 것이 필요조건이지만 흘려 넘길 수 있는 마음의 여유와 기품과 차분함이 부가조건이다. 기품과 차분함은 그 사람의 품격을 한층 더 높이는 상당히 중요한 포인트이다.

아무리 매력적인 사람이라도 상스러우면 긴 친분관계는 어려워진다. 기품은 인간의 향기와 같은 것으로 그 사람이 뿜어내는 냄새이기도 하다.

기품이 배어있으면 자연히 차분함이 생긴다. 기품이란 무엇일까 생각해 보면 꽤 설명하기 어렵다.

싫은 것이 없고 그 사람의 자세나 언동 모두로부터 느껴지는 고상함이라고 표현할 수 있을 것이다. 말하자면 그 사람의 인격적인 모습에서 느껴지는 좋은 분위기이다.

보통사람과는 한차원 다른 품격 같은 것이다. 그 밖에도 다른 요인들이 합쳐져서 그런 분위기를 풍기는 것이기 때문에 누구나가 할 수 있는 것은 아니다.

여유가 있는 매력적인 사람은 기품이 갖춰져 있어서 그 기품에서 오는 차분함이 더욱더 그 사람을 스케일이 큰 인물로 생각되게 한다.

기품은 천한 마음을 가져서는 지닐 수 없다. 항상 자신을 높이는 노력을 하지 않으면 안 된다. 무언가를 향해서 구도자적인 길을 거쳐 뛰어나야 한다. 순수한 마음을 가지지 않으면 안 된다. 강한 신념을 지녀야 한다.

이상의 다섯 가지가 매우 중요한데 특히 엄함 속에 기품이 배어나오는 것이 중요하다고 생각한다.

그것은 사물에 대한 자세, 생각에 응석이 없다는 뜻이다. 응석을 버리고 엄한 상황 속에서 단련했을 때야말로 기품에 전도가 배어나온다.

그 기품이야말로 참된 기품이다.

인간적인 매력이 그 사람의 깊은 곳에서 뿜어 나오는 듯한 사람, 알면 알수록 맛이 배어나오는 사람은 절도 있는 기품을 갖추고 있다고 해도 과언이 아닐 것이다.

어려운
경험을
쌓아서
능력을
연마하자

경험이야말로 최고의 멘토이다

즐거운 경험, 괴로운 경험, 위험한 경험 등 우리들은 매일매일 새로운 경험을 쌓아가면서 현명해진다. 경험이야말로 최고의 멘토라고 할 수 있다.

그러나 불행히도 단기간에 모든 것을 경험하는 것은 불가능하다. 그래서 경험이 풍부한 사람들과 만나는 것으로써 그 사람이 가지고 있는 지혜를 배우는 것이 중요하다. 말하자면 간접적 경험에 의해 지혜를 배우는 방법이다.

이 방법이라면 의욕만 있다면 단기간에 여러 가지 일을 배울 수 있다. 자기보다 많은 경험을 가진 사람에게 적극적으로 도움을 구하는 것이다.

신입사원이 교육 연수를 끝내고 현장에 배치되어 일선에서 일을 시작한 뒤 어느 정도 시간이 지나면 여러 가지 클레임과 비슷한 소리를 자주 듣게 된다.

영업사원이라면 선배가 거래처로 데리고 가서 신입사원을 소개했을 때 명함을 건네는 법, 받는 법도 만족하게 해내지 못해서 식은땀을 흘린 적도 있을 것이다. 신입사원 교육에서 적어도 이 정도의 일은 가르쳐줬으면 하는 목소리가 높아진다.

실제로는 신입사원 연수의 커리큘럼 속에 영업 배속 예정자의 경우 명함을 건네는 법과 받는 법에 대한 연수가 짜여져 있고 상황 연습도 하고 있지만 그것만으로는 몸에 익지 않기 때문에 실전이 되면 완전히 무력한 상황이 되어버리는 것이다. 손님과의 대응에서 수치를 당하고 선배에게 질책을 당했을 때 비로소 명함을 건네는 법이나 받는 법에 대해 몸으로 배우는 것이다. 강한 의식이 없으면 어떤 것이든 몸에 익숙해지지 않는다는 뜻이다.

그렇기 때문에 어려운 경험을 쌓는 것이 다양한 것들을 익히기 쉬운 것이다. 젊었을 때는 적극적으로 여러 곳에 가보고 여러 사람들을 만나 지식을 흡수하거나 경험을 쌓는 기회를 스스로 보다 많이 만들어야 한다. 그런 노력이 쌓였을 때 비로소 시야가 넓어지는 것이다.

경험이야말로 최고의 교사라는 것을 다시 한 번 되새겨 두자.

혼란스러운 경험이 위기에서 구한다

"이 나이까지 오래 살다보면 대부분의 일들은 모두 경험해 봤지. 경험한 적이 없는 것은 지옥뿐이야. 하하하"라며 A회장은 호쾌하게 웃었다.

25세에 사장이 되어 75세의 현재까지 50년 간 사장자리에 앉았고 최근에 손자에게 사장을 물려 준 A회장이 아니고는 웃을 수 없는 호탕한 웃음이다.

회사가 힘들기도 했고 병으로 죽음의 문턱까지 갔다가 세무서에서 탈세로 심한 일을 겪는 등 이젠 끝이라는 상황을 몇 번이나 겪어오면서 오늘의 번영을 이루어냈다고 한다.

"어떤 일에도 놀라지 않아", "대부분의 일들은 경험해 봤으니까"라는 말은 A회장의 자신감의 표현이다. 혼란스러운 일들을 몇 번이나 헤쳐나오다 보면 대범함이 생기고 작은 일에는 놀라거나 당황하는 일이 없어진다. 차분하고 냉정하게 사태를 파악하는 힘이 생기는 것이다

그래서 위기를 경험하고 그것을 헤쳐나오면 확실하게 실력이 생긴다. 다른 사람 입장에서 보면 매우 믿음직하고 기대감이 있다.

때문에 만약 당신이 위기에 몰린다면 이것이야말로 기회라고 생각하고 있는 최선을 다해 부딪쳐보자. 포기하거나 도망치지 말고 최선을 다해 해결하려는 자세가 중요하다. 만약 순탄하게 해결된다면 당신의 노하우가 되어 실력 향상에 크게 플러스가 될 것이다.

누구라도 위기에 빠졌을 때에는 자신이 어째서 이런 일을 겪어야 하는지, 왜 이렇게 운이 나쁜지 라는 생각이 들기 마련이지만 실망하고 있다고 문제가 해결되는 것은 아니다. 잘될지 안 될지의 결과는 나중이 되어보지 않으면 모르는 것이지만 전력투구를

해서 해결에 이르려는 자세만은 무너뜨려서는 안 된다. 열심히 최선을 다하면 하늘을 움직인다는 말처럼 자신이 가지고 있는 힘을 다해 노력한다면 결과가 어떻게 될지, 나중은 운명에 맡기는 심정으로 한다면 오히려 마음은 상쾌해지지 않을까.

실패는 진보의 원동력이다

어떤 일을 하든 실패는 반드시 있는 법이다. 실패가 제로라는 것은 있을 수 없다. 실패를 하고 어째서 실패를 했는지 반성해서 나중에 같은 실패를 두 번 다시 하지 않도록 할 때 인간은 진보하는 것이다.

그래서 실패는 진보의 원동력이기도 하다. 젊었을 때는 많이 실패하고 실패로부터 배우길 바란다.

내가 대학을 졸업하고 취직을 했을 때 인사부에 배속되었다. 인사부는 급여·상여의 결정, 규칙의 개발과 운영, 사원 모집·채용 등을 주 업무로 했었다. 업무특성상 여러 문서를 작성하는 일이 많았다.

신입사원인 나는 사외(社外), 사내(社內)에 발송하는 서류나 자료 첨부서의 문장 원안(原案)을 자주 쓰게 되었다. 당시 과장은 문장에 일가견을 가지고 있는 사람이어서 매우 잔소리가 심했고 내가 쓴 문장의 단어마다 빨간펜으로 수정하고 삭제해서 되돌려 주었다. '이런 건별로 중요한 것도 아니잖아'라고 생각할 정도의 것까지 하나하나 지적하고 정정하라는 지시를 받았다.

어느 날 그 과장이 이렇게 말했다.

"자잘한 것까지 시끄럽게 군다고 생각하겠지만 쇠는 뜨거울 때 치라는 말이 있지. 3년, 4년이나 된 녀석들에게 하나하나 잔소리를 할 수는 없으니까 지금 하는 것 뿐이야. 제대로 기초를 몸에 익혀두면 평생 도움이 될테니까."

과장도 번거롭다고 생각하면서도 나를 키우기 위해 싫어할 것이라는 것을 알면서도 하고 있구나 라고 감사해 했던 적이 있다.

그 덕택에 신입사원 시절에 문장 쓰는 법의 기초를 어느 정도 익힐 수 있었던 게 아닐까 생각한다. 어쨌든 매일매일 빨간펜이 쓰여진 문장을 바로바로 되돌려 받았으니까 말이다.

실패에서 배우는 점은 매우 많다고 생각한다.

자신의 작은 부주의로, 지식이나 경험의 부족으로, 주위 사람에 대한 배려가 조금 부족했던 탓으로 등등 실패의 원인은 다양하다. 그것을 경험하고 식은땀을 흘렸을 때 비로소 실패가 적은 일을 할 수 있게 되는 것이다. 당신도 실패야말로 진보의 원동력이라는 생각으로 힘을 내기 바라는 바이다.

인생에는
세 명의
스승이
필요하다

만나는 사람 모두가 스승이다

지구상에는 약 70억의 인간이 생존해 있다고 한다. 우리들이 살아 있을 때 만날 수 있는 사람을 생각해 보면 극히 일부분의 사람들이다. 친분이 두터워져서 서로간의 영향을 받는 사이가 되는 사람은 더 적다. 그렇기 때문에 모처럼 알게 된 사람은 소중히 해야 하는 것이다.

만나는 사람 모두가 스승이다는 말은 생각하면 할수록 아주 중요한 말이라고 생각한다. 무리한 일을 시키는 상사도 생각하기에 따라서는 매우 귀중한 경험을 할 수 있는 기회를 만들어주는 스승이다.

자신이 상사가 되었을 때 절대로 저런 상사는 되지 않겠다, 부하에게는 더욱 상냥하게 대할 것이라고 생각한다면 매우 좋은 공부가 되는 것이다. 보기 싫다는 생각으로 상사를 대하는 것으로 끝난다면 발전은 없다.

어떤 사람으로부터도 자신이 배울 점이 있다고 생각한다면 반드시 얻을 점이 있는 것이다. 중요한 것은 사고방식의 문제이다.

그렇게 생각하고 낭신의 주위를 한 번 살펴보실 바란다. 반드시 지금까지와는 다른 눈으로 볼 수 있을 것이다. 싫은 녀석, 바보 같은 자식, 재미없는 녀석, 간사한 녀석 등 다소 경시하고 있던 사람이라도 반드시 배울 점이 있는 것이다. 만나는 사람은 모두 스승이라고 마음속으로 생각한다면 매일매일이 즐겁고 충실해지며 적극적으로 사람과 만나려는 마음이 강해질 것이다.

그리고 만나는 사람으로부터 반드시 무언가를 배운다면 사람으로서의 폭과 깊이가 배가될 것이 틀림없다.

인생의 스승, 일의 스승, 취미의 스승

인생에는 세 명의 스승이 필요하다고 한다. 한 명은 인생의 스승, 또 한 명은 일의 스승, 나머지 한 명은 취미의 스승이다.

인생의 스승이란 자신의 삶의 방식에 강한 영향을 주는 사람이다. 이 세상에 태어나서 죽을 때까지 사람은 여러 가지 인생의 선택을 하게 된다. 오른쪽으로 갈 것인가, 왼쪽으로 갈 것인가 하는 기로에 섰을 때는 누구나 망설이게 된다.

그럴 때 적절한 조언을 해주거나 방향을 지시해 주는 사람이 인생의 스승이다. 또한 그 사람에게 영향을 받아서 자기 자신도 인생을 선택하거나 결정할 수 있는 사람이다.

인생의 선택이라는 경우를 생각해 보면 학교를 어디로 진학해야 할까, 어디에 취직을 할까, 누구랑 결혼을 할까가 인생의 3대 기로라고 해도 될 것이다.

비즈니스맨이라면 그 외에 전직을 어디로 할까, 회사를 그만두고 독립을 할까 같은 것들이 사람에 따라서 생길 것이다.

그럴 때 상담에 응해 주는 사람이 가까이에 있다면 상당히 의지가 되는 법이다.

일의 스승이란 자신의 일에 대해서 여러 가지로 멘토를 해주는 선배나 상사 등이다

매우 우수한 선배나 상사를 만나게 되면 자기도 모르는 사이에 영향을 받아서 자기 자신의 실력도 향상된다. 실력이 낮은 선배나 상사의 밑에 있게 되면 능력이 있어도 빛을 발하기 힘든 경우가 많다.

용장(勇壯) 아래에 약졸(弱卒) 없다는 말처럼 능력 있는 선배나 상사를 찾아 자기 쪽에서 적극적으로 접촉하는 노력을 해야 한다. 그런 노력이 쌓였을 때 비로소 실력도 착실히 쌓여가는 것이다.

당신의 주위를 돌아보고 능력 있는 사람에게 접촉해서 실력을 쌓기 바란다.

취미는 인생을 풍요롭게 하기 위한 비타민 같은 것이라고 생각하길 바란다.

취미가 없다는 사람도 매우 많다. 휴일은 종일 낮잠을 자고 텔레비전을 본다는 사람들. 매일 일에 지쳤기 때문에 가끔 휴일 정

도는 느긋이 쉰다는 뜻이겠지만 이러다 보면 정년 후 쓰레기 취급을 당하기 쉽다.

자신의 인생에 색을 입히는 취미를 반드시 갖길 바란다. 그 취미에 대해 여러 가지로 도움을 주는 사람이 취미의 스승이다. 취미를 통해서 다양한 사람들과의 교류가 가능해진다. 직장이나 일을 통한 교류와는 다른 분야의 사람들과 알게 되면 인격 형성에 큰 플러스가 될 것이다.

그렇기 때문에 세 명의 스승을 찾는 노력이 중요하다. 만약 좋은 스승을 만나게 된다면 당신의 인간적 스케일은 반드시 커질 것이다. 우선 스스로 노력해서 좋은 스승을 찾길 바란다.

스승은 반드시 내 주위에 있다

당신 주위에 있는 사람들을 한 번 둘러보자. 당신의 스승이 될 수 있는 사람은 반드시 가까이에 있다. 당신이 지금까지 느끼지 못했거나 그런 것을 생각해 보지도 않았거나 둘 중 하나일 것이다.

어떤 사람이 스승으로서 적합한지를 생각해 보면 인생의 스승은 그 사람 자신이 진지하게 인생을 생각하고 현실적인 삶의 방식을 가진 사람이다. 일확천금의 꿈을 꾸거나 흥망성쇠가 심한 사람은 스승으로서 부적합하다. 현실적이면서도 꿈과 소망을 잊지 않고 항상 젊은 마음을 지니고 있는 사람이 좋다고 생각한다.

일의 스승은 우선 능력이 있는 것이 필요조건이다. 일을 잘한다 해도 다른 사람에게 배우는 것을 싫어하거나 가르쳐주는 일이 미숙한 사람은 안 된다. 가르친다는 행위도 그 사람의 인간성을 반영하는 것이기 때문에 가르치는 것에 능숙한 사람 쪽이 적합하다. 일도 잘하고 인간적으로도 존경할 수 있는 사람이 가장 좋긴 하지만 그런 사람을 빨리 찾을 수 있느냐 어떠냐가 문제이다.

취미의 스승은 싹싹하고 숨김없는 성격이라면 더할 나위 없다. 함께 있으면 즐거워지는 분위기라면 최고다. 취미에 열중할 때에는 평상시의 근심을 잊고 마음을 여유롭게 하는 것이기 때문에 즐거운 분위기가 중요하다.

스승과 함께 있을 때 신경이 곤두선다든지 극도로 긴장을 해서는 즐겁지 않다. 취미분야에서 프로가 되고자 하는 것이라면 별개이지만 인생에 색을 입힌다는 점에서는 즐거운 분위기가 빼놓을 수 없는 조건이다.

실력 향상을
위한
인맥 만들기

향상심(向上心)을 잊고 있지는 않은가

대부분의 사람들은 매일 정해진 똑같은 일을 계속하다가 3년 정도 되면 매너리즘에 빠진다.

일의 순서나 방법 등을 완전히 마스터했기 때문에 단순히 기계적으로 일을 하게 되는 경향이 강해지기 때문이다.

일을 기계적으로 하는 상황이란 극단적으로 표현하자면 아무것도 생각하지 않고 단순히 손발의 움직임을 반복해서 움직이는 상황이다.

다시 말해서 생각하는 것을 잊고 있는 것이다. 인간이 동물과 다른 점은 생각을 할 수 있다는 점이다. 생각하는 것을 그만둔다면 인간은 가장 인간다운 부분을 버리게 되는 것이다. 이런 방법으로 일을 하는 것만은 그만두자.

매너리즘 현상이 자신에게 일어나고 있는지 아닌지 한 번 뒤돌아보자. 매너리즘이란 향상심(向上心)을 잊은 상황이기도 하다. 단순하고 기계적인 일이라도 지금의 처리방식이 가장 최신이라는 법은 있을 수 없다. 창의적인 노력을 더해서 개선하고자 하는 마음을 갖는다면 매너리즘은 멀리 날아가 버릴 것이다.

인간은 생각하는 동물이기 때문에 언제나 최고의 일하는 방식, 순서 등을 생각해서 일에 적용하지 않으면 안 된다. 그런 마음이 있다면 매너리즘은 일어나지 않을 것이다.

우선 향상심(向上心)이 가장 중요하다. 당신은 이 향상심(向上心)을 잊고 있지는 않은가.

인맥을 넓힐 수 있는 기회를 만들자

자신의 실력을 향상시키기 위해서는 인맥을 넓히는 것이 매우 중요하다. 사람과 사람과의 연결관계에서 비즈니스 기회가 생기는 것이고, 중요한 정보도 다른 사람보다 빨리 잡을 수 있다. 여러 분야의 사람과 교류를 깊이 하는 것은 서로 간에 좋은 자극이나 영향을 준다.

그렇기 때문에 인맥을 넓히는 기회를 반드시 적극적으로 스스로 만들지 않으면 안 된다. 그런 노력과 활동을 하다보면 자연히 자기도 모르는 사이에 시야가 넓어진다.

대학시절의 친구, 직장에서 알게 된 친구, 일을 떠나서의 친구 등 각각의 분야에서 활동하고 있는 사람과 정보교환을 활발히 하는 것이 좋다. 모처럼의 인맥도 가끔씩 둘러보지 않는다면 녹이 슨 칼처럼 사용할 수 없게 된다. 때로는 자기 쪽에서 먼저 연락을 해서 교우관계를 더 깊이 하는 노력이 필요하다.

예전에 A회사 사장이었던 K씨는 아주 잠깐 만나서 명함을 교환한 사람이라도 "명함을 정리하다 보니 작년 오늘 당신과 만났었네요"라며 전화를 걸어서 많은 인맥만들기에 노력을 했다는 기사를 어느 책에서 읽은 적이 있다. 상대는 이미 잊고 있을지 모르기 때문에 하루나 이틀정도 틀려도 상관없는 것이고 일부러 전화를 해주었다는 행위에 감사하게 된다.

이런 것도 매우 참고가 되는 방법이지만 중요한 것은 본인의 노력과 열의라고 생각한다.

어떻게 하면 유익한 인맥을 만들 수 있을 것인가를 스스로 생각하고 스스로 행동해서 스스로 만들어가는 것이 중요하다. 다른 사람에게 기대를 해봤자 훌륭한 인맥은 만들어지지 않는다. 당신 자신의 노력이 우선 필요한 것이다.

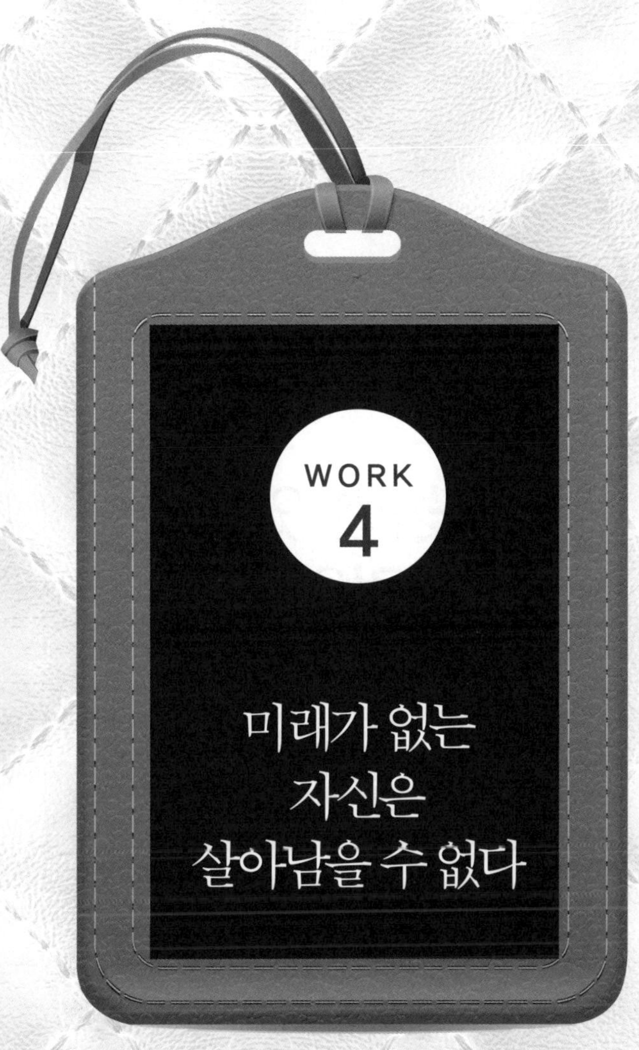

WORK
4

미래가 없는
자신은
살아남을 수 없다

능력 있는
사람일수록
기분 전환을
잘한다

마음을 다스리는 방법

: 근심할 일은 남보다 먼저, 즐거워야 할 일은 남보다 늦게

인간은 약한 동물이다. 추운 아침이면 좀 더 따뜻한 이불 속에 있고 싶다는 욕구 때문에 일어나지 않으면 안 되는데 라고 생각하면서도 좀처럼 일어나질 못한다.

저녁 5시가 가까워지면 다른 고객을 방문할까말까 망설이며 영업사원은 고민에 빠진다. 지금은 5시 5분 전이고 지금 고객을 방문하면 늦어질테니까 그만두자 라고 생각하면서도 이대로 회사로 돌아가면 과장의 눈초리가 따가울 테고 카페에서 커피라도 마시면서 시간이나 보낼까 라고 생각하며 우리들은 매일 여러 가지 유혹에 휩쓸리며 살아간다.

그렇게 편한 쪽으로만 생각하는 게 인간이다. 매우 강한 의지력으로 마음을 추스르지 않으면 사람의 마음은 편하고 쉬운 쪽으로 휩쓸려간다. 자신의 약한 마음에 지지 않겠다는 강한 의지가 필요하다.

그렇게 하기 위해서는 언제나 긍정적인 사고를 가지고 있어야만 한다. 지금은 힘이 들더라도 일을 마치면 나중이 편하지 라는 사고가 필요하다. 근심할 일은 남보다 먼저, 즐거워야 할 일은 남보다 늦게 라는 말이 바로 이런 것이다.

이것으로는 부족해 라고 항상 스스로가 마음을 고쳐잡는 자세가 중요하다. 이것으로 됐겠지, 이 정도에서 끝낼까 라는 생각을 했을 때 곧바로 '아니 안 돼. 한 번 더' 라고 구체적으로 자신에게 되새길 필요가 있다. 순간적으로 자신의 마음가짐을 바로 잡을 수 있는지가 앞으로 당신의 성장을 크게 좌우할지도 모른다. 자기 스스로가 컨트롤할 수 있을지 없을지가 가장 큰 포인트이다.

능숙한 기분 전환 방법

한 가지 일에 열중하면 시간이 지나는 것도 잊게 된다. 벌써 시간이 이렇게 됐나 라고 생각할 정도로 시간은 너무도 빠르게 지나가 버린다.

하지만 언제나 그렇게까지 열중할 수는 없다. 또한 긴장감을 장시간 지속시키는 것도 사람에 따라서 체력에 따라 다르겠지만 누구나 한계가 있다.

그렇기 때문에 긴장과 이완의 밸런스가 중요하다. 때때로 기분 전환을 함으로써 장시간 긴장을 지속시킬 수도 있다.

자기가 휴식시간을 정해서 그것에 따라 얼마나 긴장감을 지속할 수 있는지 시험해 보는 것도 괜찮은 방법이다. 예를 들어, 3시가 되면 차 한 잔을 마시면서 10분간 휴식을 하자고 정하면 그때까지 일에 몰두하는 재미가 생긴다.

긴장을 지속시키기 위해서는 이런 방법도 좋다. 또한 자신을 시험해 보는 좋은 시간도 될 것이다. 일단 이 시간 동안은 최선을 다할 수 있다는 틀이 그 시간 동안 지탱시켜 주는 계기가 될 것이다.

이렇게 스스로에게 습관을 만들어두는 것이 중요하다. 인간은 어떻게 될지 모르는 불투명한 일에 대해서 잠재적으로 공포감이나 불안감을 가지고 있다.

출구가 어딘지 모르는 터널을 더듬으며 걸어가는 것과 앞으로 몇 백 미터 앞에 출구가 있다고 생각하면서 걷는 것과는 큰 차이가 있다. 목표가 있으면 정신적인 불안감이 그렇게 크지 않기 때문에 피곤함도 덜해진다. 목표가 없다면 공포감과 불안감은 커지고 정신적인 피곤함과 육체적인 피곤함이 겹쳐져서 더 힘들어진다.

기분 전환은 긴장을 지속하기 위해서 꼭 필요한 것이다.

긴장을 지속시키다가 조금 피곤해지거나 조금 막혔을 때 쉬는 시간을 갖거나, 커피를 마시거나, 산책을 하거나, 음악을 듣는 등의 기분 전환을 하는 것이 좋다고 생각한다.

자신의 마음 상태를 판단하면서 타이밍을 생각해서 자기만의 기분 전환 방법을 만드는 것이 최선이다.

위기감을 에너지로 바꿔라

위기를 돌파한 경험이 있는 사람은 다른 위기가 닥쳐도 그렇게 동요하지 않는다. 그런 경험이 없는 사람이 위기를 맞으면 마음이 동요되어서 오히려 일을 더 크게 만들고 말기 때문에 경험의 차이는 매우 중요하다.

항상 자신을 코너로 몰아붙이는 것도 극기심(克己心)을 키우는 하나의 방법일 것이다. 더 이상 물러설 곳이 없다고 생각하면 상상 외의 힘을 낼 수 있다. 대부분의 사람들은 그렇게 되기 전에 도망쳐 버리고 만다. 그렇기 때문에 곤경에서 도망치지 않는 극기심을 키우기 위해서는 매우 중요한 일이다.

누구나 곤경에 처하면 도망치고 싶은 마음이 생긴다. 그게 자연스러운 현상이다.

그래서 자신의 의지로 '이것은 내가 처리한다' 라는 결심이 필요하다. 당당하게 맞서서 도전하기 위한 기본이다.

일단 그것이 중요하다는 인식이 없다면 아무것도 할 수 없다. 자신의 약한 마음에 힘을 불어넣기 위해서도 무언가에 필사적으로 도전하는 상황을 자신 스스로가 만들 필요가 있다.

경영자 중에는 부채를 만드는 것이 자기 자신을 일으키는 에너지를 만들기 위한 수단이라고 생각하는 사람이 있다. 거액의 부채를 만듦으로써 이렇게 해서는 안 된다고 스스로에게 질문하고 자신을 채찍질하는 것이다.

확실히 생각해 보면 곤경을 극복하지 않으면 안 되기 때문에 멍청하게 있을 수는 없다. 세세한 부분까지 신경을 곤두세우고 회사의 번영에 공헌하지 않으면 부채는 갚을 수 없을 것이다. 그렇기 때문에 최선을 다하지 않으면 안 된다. 결국 부채에 의해서 에너지가 몸 안에 끓어오르는 셈이다.

그래서 사람은 무언가에 긴장하고 최선을 다하지 않으면 안 되는 상황이 때로는 필요한 것이다.

그렇다면 당신의 경우는 어떠한가? 자신을 흥분시키는 에너지가 있는가? 더 이상 물러설 수 없는 상황에 부딪쳤을 때 상상도 못한 에너지를 발휘한 경우가 있는가? 생각에 따라서 그런 상황은 자신에게 도움이 되는 고마운 일이라고 받아들여야 한다.

실패에는
사죄와
보답으로
대응한다

해결책은 어딘가에 꼭 있다

일을 잘하는 사람은 위기를 이겨내고 그것을 토대로 크게 성장한다. 그런 사람에게 공통적으로 있는 것은 어떤 상황에서나 결코 포기하지 않는다는 것이다. 이것이 성공하기 위한 가장 커다란 비결이라고 생각한다.

포기하지 않는다는 것은 마음가짐을 항상 긍정적으로 두고 있다는 것이다. 어떤 역경에 놓이든 참고 일어서서 어딘가에 있을 해결의 실마리를 찾으려고 하는 마음가짐이 매우 중요하다. 이젠 틀렸다고 생각하는 포기하는 마음을 완전히 없애야 한다.

어째서 그런 마음가짐을 가지게 된 것일까? 인간은 약한 동물이다. 역경에 부딪치면 당연히 불안감과 두려움에 휩싸여 일을 서두르는 마음을 강하게 느낄 것이다. 그런 마이너스적인 마음가짐을 극복하고 긍정적인 마음가짐을 가지게 된다는 것은 평범한 상태로는 이를 수 없다. 반드시 어딘가에 타개책이 있다고 스스로 믿는 것 이외에는 방법이 없다.

많은 역경과 고난을 극복하면 점점 관록이 붙고 스스로를 믿을 수 있게 된다. 이제 와서 이리 뛰고 저리 뛰어봤자 해결될 일이 아니라고 생각하면 초조함도 불안감도 없어질 것이다. 크게 보고 침착해야 한다.

그렇게 하면 지금까지는 보이지 않던 것들이 보일 것이다. 초조하게 일을 처리하려고 해봤자 좋은 아이디어는 나오지 않는다. 마음을 침착하게 갖고 끌어낼 수 있는 모든 것을 끌어내자. 포기는 일이 다 끝나고 잘못됐을 때 해도 늦지 않는다.

바로 포기해 버리는 것은 스스로에게 자신이 없기 때문이다. 자신감은 성공한 경험이 쌓여서 생기는 것이기 때문에 어떤 작은 일이라도 아무리 작은 성공이라도 하나하나 쌓아나가도록 하자.

틀림없이 자신이 생기고 어떤 경우라도 냉정하게 대응할 수 있게 된다고 생각한다.

특기를 가져라―자신감이 생기는 비결이다

어떤 것이든 좋으니까 무언가 한 가지에 대해서는 누구에게도 지지 않겠다는 것을 익히길 바란다. 이것만은 자신이 절대적이다라고 생각할 수 있는 것이 있다면 이것은 곧 자신감으로 이어진다. 무언가 다른 사람에게는 없는 자신감의 원천이 된다.

예를 들어, 당신의 회사에서 만들고 있는 제품에 대해서 모든 품종이라고는 말할 수 없지만 어떤 부분에 대해서는 회사 내의 누구보다도 잘 알고 있고, 고객의 성능 클레임이나 품질 클레임에 대해서도 대응할 수 있는 메커니즘에 있어서 누구에게도 지지 않는 그런 것을 말한다.

작은 범위라도 좋으니까 이 점에 있어서는 자신이 넘버원이라는 분야를 갖게 되면 이것이 바로 자신감으로 이어지는 경우를 많이 볼 수 있다.

또한 일을 하는 데 있어서 다른 사람과 전혀 무관한 경우는 없다. 누군가와는 어떤 형태로든지 접촉하기 마련이기 때문에 자신감이 없다면 항상 초라해 보이기 마련이다. 일 또한 당연히 자신이 생각하는 쪽으로는 흐르지 않고 오히려 짐이 될 수도 있다.

결국 누구도 싫어하는 일, 귀찮아하는 일 등이 당신에게 맡겨지고 핵심이 되는 일에서는 제외될 것이다.

그렇기 때문에 자신감을 갖는다는 것은 역경에 강하다는 면과 대인관계에 있어서 유리한 입장에 설 수 있는 가능성을 높게 하는 두 가지 면이 있다. 당신도 스스로를 빛내서 이 점에 있어서는 "내게 맡겨"라고 말할 수 있는 분야를 반드시 가지고 있길 바란다.

역경 속에서도 배우는 자세를 잊지마라

상사가 아무리 다그쳐도 별로 타격을 받지 않는 사람과 한 번 상사에게 혼난 일로 자신감을 잃는 사람이 있다. 역경에 부딪쳤을 때에는 당연히 전자가 강하다.

역경을 뛰어넘을 수 있다면 저항력도 생기고 인간적인 강인함도 깊어진다. 역경을 뛰어넘는 방법에 있어서 그 포인트를 알고 있으면 혹시라도 역경에 부딪쳤을 때 많은 도움이 될 것이다. 비즈니스의 경우에서 역경을 생각해 보면 크게 회사 내의 경우와 회사 밖의 경우로 나눌 수 있다.

그러나 여기서는 일단 회사 내적인 핀치, 즉 역경에 관해서 살펴보자. 그 중에 기본적인 것들을 나열하면 회사 내의 규칙을 어긴 경우, 커다란 손해를 회사에 입힌 경우, 보고·연락 상담에 있어서 실수한 경우 등으로 나눌 수 있다.

일단 회사의 규칙을 어긴 경우는 회사 동료 사이에서 곤란한 입장에 놓일 수 있다. 이런 경우에는 실수를 저지른 상대방에게 사과를 해야 한다. 당신의 신용이 많이 떨어졌기 때문에 장시간에 걸쳐 신용회복에 힘쓰는 것도 중요하다. 또한 당연한 일이지만 같은 실수는 두 번 다시 하지 않아야 한다.

그리고 자신이 회사의 규칙을 지키기 위해서 열심히 노력하고 있다는 것을 프레젠테이션해야 한다. 억지로 하는 것이 아니라는 것을 보여주어야만 당신의 신용은 회복될 것이다.

다음으로 회사에 손해를 입힌 경우인데 전근이나 좌천되는 경우도 있다. 손실액에 따라서 다르기 때문에 단언할 수는 없지만 만약 그렇게 된다면 매우 어려워질 수 있다.

그렇지만 기회는 반드시 있을 것이다. 포기하지 말고 기회가 오기를 기다려야 한다. 그 기회를 기다리는 동안 당신은 실력을 쌓아놓아야만 확실하게 그 기회를 잡을 수 있다. 또한 자신의 한계를 생각해 가면서 공부하는 것도 중요하다. 힘들 때 하는 공부는 반드시 도움이 된다는 신념을 갖고 노력하자.

다음으로 보고 · 연락 · 상담에 있어서 실수한 경우는 자신의 실수 때문에 곤란해진 상대에게 일로써 보답하지 않으면 안 된다. 이미 지나간 일은 어쩔 수가 없기 때문에 일단 실수한 것의 배 이상으로 갚는 것이 중요하다. 언젠가는 꼭 갚는다는 마음으로 때를 기다리면 반드시 기회는 올 것이다

라이벌은
자신보다
한 발 앞을
내다보고
있다

무엇을 하고 싶은가 또 해야만 하는가

장래에 이런 것을 해야지 라는 꿈을 젊었을 때부터 확실하게 가지고 있는 사람은 매우 훌륭하다고 생각한다.

요즘에는 자신이 하고 싶어하는 것도 모른 채 그냥 하루하루를 허비하는 사람이 많다. 자신은 이런 것을 해야지 라고 목표를 빨리 결정하는 것은 매우 유리한 위치를 차지하게 되는 것이다.

가장 좋은 방법은 컴퓨터를 좋아한다면 컴퓨터 회사에 취직해야지 라는 식으로 자신이 좋아하는 것을 직업으로 삼는 것이다.

하지만 좋아하는 것이 직업으로써는 마땅치 않거나 장래성이 없다면 고려해야 한다. 그런 경우엔 직업이 아닌 취미로써 활용하는 편이 좋다고 생각한다.

그 다음으로는 앞으로 유망하다고 판단되는 분야를 자신의 직업으로 선택하는 것이다.

과거에 석탄이 검은 다이아몬드라고 불렸을 정도로 각광받던 시절이 있었다. 학업 성적이 우수한 졸업생들이 다투어서 입시를 지원했다.

그러나 석탄산업은 에너지 혁명 속에서 자리를 잃어가며 이미 중년층이 되어버린 그들은 불행한 인생을 맞이하고 말았다.

앞으로 유망하다고 생각되는 분야에서 자신이 하고 싶어하는 것을 고르는 것이 좋다. 무엇을 원하는지, 무엇을 할 것인지, 일단 자신이 가고 싶은 길을 찾는 것이 중요하다.

그렇게 하기 위해서는 여러 사람의 이야기를 듣는 것도 중요하다. 스스로 적극적으로 공부하고 자신의 능력을 판단해서 나아갈 방향을 정하는 것이 기본이라고 생각한다.

내가 컨텐츠 컨설턴트가 되려고 마음먹은 것은 30살 때이니까 진로 결정의 시기로는 상당히 늦은 편이었다.

학창시절부터 경영학에 흥미를 느끼고 있었지만 학자가 될 정도로 학구파는 아니었고 그렇다고 회사원으로 일생을 보낼 생각도 없었기 때문에 학문과 실적을 같이 누릴 수 있는 컨텐츠 컨설턴트가 가장 어울리지 않을까라고 25살 때부터 생각하고 있었다. 단지 실행으로 옮긴 것은 30살 때이다. 그동안 역시 생활이 걸려 있었기 때문에 쉽게 결단을 내리지 못하고 미적미적 거리고 있었던 것 같다. 자신이 갈 방향을 빨리 결정하는 편이 실력을 모으기 쉽고 헤매는 일도 없을뿐더러 모든 면에서 비교적 좋다고 생각한다.

선배의 두 가지 타입에서 배운 점

내가 샐러리맨일 때 과장에게 이런 말을 들었던 것이 생각난다. 정기 인사이동에서 나는 다른 과로 이동되었는데 새로운 과로 처음 출근한 아침에 과장에게 불려가서 과장은 같은 과의 A씨와 B씨의 두 선배를 지명하고 "준린 씨, A씨는 지금 필요한 일을 최선을 다해서 공부하는 타입인데 생각이 꽤 합리적인 면이 있는 사람이야. 앞으로 필요할지 어떨지 인 것에는 전혀 관심이 없어서 공부할 생각을 안 하지. 하지만 B씨는 반대로 앞으로 필요할지 어떨지 모르는 것도 차근차근 공부하며 준비하고 있지. 만약 필요가 없다면 필요 없는 노력을 하는 것이 되겠지만 그런 것엔 관심이 없어. 물론 지금 필요한 것에 대해서도 당연히 열심히 공부하고 있지. 이 두 사람은 정말 대조적이야. 재미있는 존재지. 물론 두 사람 모두 우수하니까 자네도 친하게 지내도록 하게. 자네는 어떤 타입인지는 모르지만 될 수 있는 한 앞으로의 일도 생각해서 공부하는 편이 좋을 거라고 생각하는데"라는 말을 해주었다. 과장이 하고 싶었던 말은 일을 위해서 필요한 지식을 습득하는 것은 당연한데 될 수 있으면 앞으로 필요하게 될지도 모르는 것도 공부해 두라는 지시였을 것이다.

A씨는 공부하라고 해도 지금 필요한 것 이외에는 관심이 없는 타입으로 효과가 없었다. B씨는 아무 말 안 해도 스스로 앞으로를 준비하는 타입이다. 과장은 두 사람을 예로 들면서 설사 B씨처럼 필요 없는 노력이 되더라도 자네도 그렇게 하는 편이 좋을

거라는 암시가 들어 있던 충고였다.

하지만 실제로 필요 없는 부분을 공부하는 것은 자기가 좋아하는 분야라면 몰라도 꽤 노력을 요하는 일이다.

그렇더라도 앞으로를 위해서 지금 무언가를 조금씩 공부하는 것은 틀림없이 필요한 일이다.

나는 과장의 충고에 따라 컨텐츠 컨설턴트가 되기 위한 공부를 계속했다. 아마도 과장은 회사를 위한 공부를 하라는 뜻이었겠지만.

어쨌든 자신을 위해서라도 앞으로를 위한 공부를 게을리 하지 않는 것이 좋다.

국제화와 정보화에 대처하자

현대는 국제화와 정보화시대이다. 그렇기 때문에 앞으로를 위해 무언가를 준비한다면 다음 두 가지 키워드를 생각해야 한다. 국제화를 위해 세계 사람들과 커뮤니케이션을 해야 하는 경우가 있다. 따라서 첫 포인트는 어학이다. 서로의 의견을 전달하기 위한 회화를 익히지 않으면 국제화는 그림의 떡이 될 수밖에 없다.

적어도 외국어 하나 정도는 마스터해서 대화를 나눌 수 있을 정도의 실력이 필요하다. 영어나 중국어를 할 수 있다면 당신이 활약할 수 있는 장소는 더욱 넓어질 것이다. 세계에서 가장 많이 쓰이는 언어이기 때문이다. 꼭 하나 정도의 외국어는 마스터하자.

다음으로 정보화를 위해 컴퓨터는 물론 스마트폰을 통해서 어떤 정보라도 찾아내서 어떻게 효과적으로 일에 대응시킬까 까지 생각해야지만 살아남을 수 있을 것이다.

실패는
회사에
대한 빚,
반드시
갚아야 한다

방심은 큰 적이다

인생은 실패의 연속이라고 해도 그렇게 잘못된 말은 아닐 것이다. 인간은 실패 속에서 그 경험을 통해 성장한다고 말하는 편이 옳을 것이다.

그렇다고 해도 어째서 실패를 하는 것일까? 실패의 원인을 분석하면 가장 많은 것이 부주의에 의한 실수일 것이다. 다시 말해서 조금 부주의한 것 때문에 실패하는 것이 많다는 얘기이다.

기본을 철저히 지키면 당연히 막을 수 있는 실패도 많을 것이다. 특히 일에 익숙해지면 기계적으로 일을 처리하게 된다. 이럴 때가 가장 위험하다.

항상 아무 의심 없이 일을 처리하다보면 생각지도 못한 실패를 하고 만다. 방심이 가장 큰 적이라는 말처럼 실수는 방심에서 온다.

어느 회사의 부장이 졸음운전으로 전봇대를 받아서 차는 크게 파손되고 본인도 큰 부상을 입게되어 병원으로 실려갔다. 운이 좋아서 살았다고 할 정도의 사고로 안전벨트를 했기 때문에 목숨은 건질 수 있었다. 6개월간의 입원생활을 보내고서야 완쾌되어 회사에 출근할 수 있었다. 어째서 사고가 났는지 당시의 상황을 직접 본인에게 물어보았다.

저녁 9시경에 회사에서 퇴근해서 집으로 서둘러 갔다고 했다.

꽤 피곤한 상태였고 1초 정도 깜빡 졸았는데 그때 전봇대에 부딪쳤고 정신을 차려보니 병원이었다고 했다.

졸음이 왔는데 사고는 내지 말아야지 라고 생각하면서도 계속 차를 몰았다고 했다. 그러다 어딘가에서 쉬었다 갈까 라고 생각하면서 차를 몰다가 졸았다고 했다. 현장을 가보았는데 "여기까지는 생각나는데"라고 사고지점에서 불과 몇 미터 떨어진 곳을 지적했고 그 후로 졸았던 것이었다.

아무런 장애물이 없는 길에서 보통 때처럼 운전하면 사고가 날 수 없는 길이었다. 하지만 순간의 방심이 사고로 이어진 것이다.

비즈니스의 경우도 실수는 있다. 실패에 지지 않는 강인한 마음가짐이 필요하고 실패에서 여러 가지를 배우겠다는 마음가짐도 필요하다.

예를 들어, 고객의 주문을 잘못 듣고 다른 상품을 준비했다가 클레임을 당한 경우 그때 주문을 다시 확인했었다면 그런 실수는 없을 텐데 기본에 철저하지 못했기 때문에 실수는 일어난다. 이런 실수로 인한 실패에서 기본의 중요함을 다시 가슴 속 깊이 인식하게 될 것이다.

실패의 원인을 냉철하게 분석하자

어떤 실패라도 반드시 원인이 있다. 그 원인분석을 정확하게 하지 않으면 안 된다. 원인을 정확하게 찾아낼 수 있다면 대책도 강구할 수 있다.

실패의 원인은 신입사원의 경우라면 지식과 경험이 부족해서이고, 중견사원이라면 익숙해져서 기본을 무시하고 일을 우습게 생각하고 방심했기 때문이다.

모두들 본 적이 있는 광경일 것인데 택시 회사에서 신입사원 교육을 할 때 선배가 붙어서 큰 소리로 외치게 한다. "앞에 OK,……OK"라고 큰 소리로 외치면서 팔로 그 방향을 가리키며 확인시키는 훈련이다. 이것은 기본을 몸에 익히게 하기 위한 훈련이라고 할 수 있다. 실패의 원인은 이러한 기본을 우습게보다가 일어나는 경우가 매우 많다.

만약 실패했다면 반드시 그 원인을 분석하고 스스로에게 그것을 강하게 입력시켜야 한다. 같은 실수를 두 번 다시 하지 않기 위해서이고 또한 실패 경험을 활용해서 다음 기회는 성공으로 이끌이내기 위해서이다.

혹시 실패할지도 모르겠다고 생각하면 모든 일에 주의를 기울이게 된다. '이거 위험한데' 라고 느끼면 일단 그 자리에 서서 시간을 두어보는 것도 중요하다. 어쨌든 의식적으로 노력하면 이럴 때, 이런 경우에 실패하기 쉽다는 것을 알 수 있게 된다. 경험이 쌓이고 실력이 쌓이면 실패할 확률은 현저히 줄어들 것이다.

빚은 반드시 이자를 붙여서 갚는다

그렇다면 실패를 어떻게 생각하느냐인데 회사에 대한 빚이라고 생각하면 좋지 않을까.

빚은 이자를 붙여서 갚는 것이 당연하다.

자주 중대한 실수를 하면 사표를 내고 회사를 그만둠으로써 책임을 지려는 사람이 많은데 이것은 큰 잘못이라고 생각한다. 그만두게 되면 본인은 확실하게 책임을 다했다고 느낄지 모르지만 실패에 의한 회사의 손실은 메꿔진 것이 아니다. 남겨진 사람이 그 손실을 만회하려는 노력을 하지 않으면 안 된다. 이것은 아무리 생각해도 불합리하다.

사표를 제출하지 말고 실패로 회사가 진 손실을 자신이 진 빚이라고 생각하고 어떻게 변제할 것인지를 생각해서 노력하는 것이 보다 중요하다고 할 수 있다.

실패로 인해 좌천될지도 모른다. 당연히 초라해질 것이다. 하지만 그런 것에 지지말고 실력을 쌓아서 빚을 갚을 노력을 하는 것이 진정한 책임을 지는 방법이라고 생각한다.

이런 경우의 부채 변제는 성과를 높이는 것이다. 손실을 뛰어넘는 성과를 내면 부채는 변제되었다고 할 수 있다. 하지만 변변찮은 곳으로 발령이 나면 높은 성과를 낼 기회는 적어질 것이다.

그래서 천천히 침착하게 기회를 기다리는 것도 중요하다. 기회가 왔을 때 그 기회를 살려서 성과를 이룰 실력이 없다면 애기는 끝이다. 그렇기 때문에 어떻게 자신의 실력을 향상시킬까를 생각하지 않으면 안 된다. 실력이 없다면 기회가 찾아오더라도 그것이 기회인지 모를 수 있다.

그렇게는 손해를 충당할 수 있는 성과를 거두기가 매우 힘들어질 것이다.

자신을 잘 추스르며 앞으로 올 기회에 대비하여 실력을 쌓는 노력을 하도록 하자. 그렇게 생각하고 도전하는 자세로 노력하면 반드시 해냈다 라고 말할 수 있는 날이 온다.

분노를
긍정
에너지로
바꾸자

객관적인 입장이 되자

자신의 마음을 자신이 생각하는 대로 컨트롤한다는 것은 보통 사람인 우리들에게는 거의 불가능에 가깝다고 할 수 있다. 하지만 노력하고 최선을 다하면 어느 정도는 비슷하게 흉내는 낼 수 있지 않을까?

이때 가장 중요한 것은 어떤 경우라도 객관적인 시각에서 자신을 바라볼 수 있는지 없는지에 있다. 예를 들어, 화가 머리끝까지 났을 때 얼마나 냉정하게 객관적으로 자신을 바라볼 수 있을까는 매우 어려운 일이다.

침착하라고 스스로를 추스른다고 해도 흥분이 진정될 때까지는 어느 정도의 시간이 필요하다. 화가 났을 때 숫자를 1부터 10까지 몇 번이고 되새겨보는 것도 좋은 방법 중 하나라고 생각한다.

필사적으로 숫자를 세는 것에 집중하고 다른 것은 생각할 여유를 두지 않도록 해야 한다. 그렇게 할 수 있다면 흥분 상태는 급속도로 안정될 것이다. 처음에는 좀 어려울지도 모르지만 익식저으로 몇 번이고 노력해 보는 동안 조금씩 나아질 것이다.

이런 정도의 일 때문에 내가 이래서야 되겠어 라고 생각하게 되면 당신은 자신을 객관적으로 볼 수 있는 방법을 익혀가고 있다고 할 수 있다.

인간의 마음은 매우 희한해서 별 것 아닌 것에도 금세 바뀔 수 있다. 흥분된 마음도 이런 정도의 일로 내가 이래서는 안 되지 라고 생각하다 보면 왠지 방금 있었던 일이 우습게 느껴지고 급속도로 냉정함을 찾을 수 있다. 역시 자신의 마음가짐을 컨트롤하는 노력이 중요하다.

흥분과 노여움을 이기자

비즈니스의 세계에서는 여러 가지 일이 일어난다. 뒤통수를 맞은 듯한 일도 일어나고 전부 그만두고 싶은 마음이 생길 때도 있다.

특히 상사의 부당한 명령이나 지시, 이유없는 좌천, 불공평한 평가 등으로 누구나 화가 머리끝까지 치밀어 오르는 일을 경험한다.

이럴 때 어떻게 자신을 컨트롤하면 좋을까? 지금까지 이런 경험을 했던 사람들은 어떻게 대처했을까?

나는 직업 때문에 중견 간부급 사원의 연수회 강사를 자주 했는데 그때마다 참석자들에게 이런 질문을 가끔 해본다.

상사로부터의 부당한 명령이나 취급에 대해서 질문하면 어쩔 수 없이 묵묵히 명령에 따른다는 대답이 많았다. "하지만 화가 나죠?"라고 다시 물어보면 "교통사고라도 안 당하나"라든가 "일이 틀어질 때 속으로 그거 잘됐다 라고 생각합니다"라는 대답을 들게 된다.

하지만 이런 생각은 너무나 스스로를 불쌍하게 만든다는 느낌이 든다. 사실은 부당한 명령이나 취급이라고 생각하면 항의를 할 필요가 있다. 어째서 이런 취급을 받는지 그 이유를 냉정한 태도로 물어볼 필요가 있다. 상사는 상사의 입장에서 보면 정당한 이유가 있었을지도 모르기 때문이다.

충분히 의사를 나눴더라도 계속 부당하다는 생각이 든다면 참아내든지, 사표를 내든지, 아니면 더 윗사람에게 이 문제를 상의하든지 선택은 얼마든지 있다.

어쨌든 그리 좋은 기분은 안 들 것이다. 화가 난 채로 어쩔 수 없이 문제에 부딪치게 될 것이다.

이런 경우에는 첫 번째 일단 상사의 입장에서 자신이 상사라면 어떻게 했을까 생각해 보아야 한다. 두 번째로 자신에게 잘못이 전혀 없었는가를 생각해 본다

이 두 가지 점에서 반성해 보면 이미 일어난 문제는 되돌릴 수 없기 때문에 냉정하게 대처하라고 스스로에게 다짐하자. 그렇게 할 수 있다면 조금은 마음이 가라앉을 것이나.

마지막으로 대처 방안을 결정해야 한다. 참고 넘어갈 것인지, 사표를 던져버릴 것인지, 아니면 더 윗사람에게 이 문제에 대해

서 물어볼 것인지를 앞으로의 일도 생각하면서 결정하도록 하자.

그러나 일시적인 문제라면 참을 수 있는 문제는 참도록 하자. 앞으로도 계속 같은 상사의 밑에서 일하게 된다고는 말할 수 없기에 일시적인 문제 때문에 그릇된 결정을 내려서는 안 되기 때문이다.

하지만 스트레스가 쌓이는 문제가 생기기 때문에 그것을 발산할 대상이 필요하다. 누군가 친한 친구와 술을 한잔하면서 가슴에 담아두었던 말을 하는 것도 괜찮은 방법이라고 생각한다.

반드시 이기겠다는 마음가짐

억울했던 감정이 에너지의 원천이 된다. 저 자식의 콧대를 꺾어보겠다는 생각이 에너지가 넘는 원동력이 된다. 가슴 속의 불평, 불만, 억울함, 분노가 에너지가 되는 것이다.

그렇기 때문에 상사에 대한 분노도 상사에게 받은 소중한 선물일지도 모른다.

언젠가 반드시 되돌려주겠다는 결심이 당신의 실력을 크게 향상시킬 수도 있고 직책을 높일 수도 있을 것이다.

회사에서의 존재 가치가 커질수록 당신의 상사였던 이도 당신을 바라보는 시각이 바뀔 것이다. 그런 태도가 보다 선명해질수록 복수를 했다고 말할 수 있다.

자신의 억울함 때문에 생겼던 에너지가 결국은 도움이 된다. 만약 좌천을 당했다면 의욕을 상실한 채로 축 처져 있지 말고 이것은 하늘이 나를 시험해 보는 것이라고 생각하고 다음 기회에는 반드시 원상태로 되돌아가겠다는 마음을 갖지 않으면 성공할 수 없다. 그 기회를 위해서 실력을 쌓아야 한다는 생각을 한다면 좌천은 당신에게 있어서 크게 플러스가 될 것이다. 중요한 것은 생각의 차이라는 것이다.

어떤 상황이라도 그 상황을 어떻게 생각할건지에 따라서 당신의 인생은 결정된다. 언제나 긍정적으로 생각하고 적극적인 사고를 할 수 있다면 반드시 당신에게 성공의 기회는 찾아올 것이다.

장기간의
목표를 세워
미래의
모습을
그리자

인생은 마라톤이다. 서두르지 마라. 당황하지 마라. 두려워하지 마라

평균 수명이 늘어나서 정년퇴직 후에도 일하는 사람이 많이 늘고 있다. 물론 생활을 위해서 일하는 사람이 늘어났지만 일할 수 있을 때 일하는 편이 인생을 충실하게 보낼 수 있고 마냥 늙어가는 것이 싫다고 생각하는 사람이 많기 때문이다.

옛날과 비교해서 연금 등의 공적 연금이나 기업 연금도 좋아지고 있기 때문에 풍족한 생활을 보내기 위해 부족한 부분을 벌겠다는 경우가 많을 것이다.

정년퇴직 후 1년 정도는 휴양하면서 부인과 함께 블루문을 즐기는 사람이 많은데 1년이 지나면 나갈 곳도 마땅치 않고 역시 다시 한 번 제2의 인생을 위해 일을 시작하고 싶어지는 것이다.

정년 후에 아무것도 안 하는 사람을 3년 후, 5년 후에 만나면 너무나 늙어버려서 다른 사람처럼 되어버리는 경우를 자주 접한다. 긴장감이 없어지면 신경의 끈이 느슨해져서 늙어버리는 것 같다.

생각해 보면 인생은 마라톤과 같은 것으로 건강할 때까지는 무언가 일을 가지고 그 일에 열중하는 것이 젊음을 유지하는 비결이다.

그렇기 때문에 젊은 여러분은 그렇게 서두르지 않아도 된다. 자신의 인생을 길게 보고 목표를 세우는 것이 좋다. 하지만 너무 느긋하게 생각하면 너무나 빠르게 시간이 지나가 버릴 수도 있다.

인생은 마라톤이라고 생각하고 서두르지 말고, 당황하지 말고, 두려워하지 말고 스스로의 인생을 자신이 쌓아간다는 생각을 갖길 바란다.

5년 후의 당신은 어떻게 되어 있을까

그럼 지금부터 5년 후의 당신은 어떻게 변해 있을 것인가 또는 어떻게 변하길 원하는가? 지금 평사원이라면 승진했을지도 모른다. 그렇게 되고 싶다고 생각하고 노력하면 반드시 그렇게 될 것이다. 그렇게 믿고 노력한다는 점이 중요하다.

자신이 되고 싶어하는 모습을 그려보자. 이런 것 또한 매우 중요하다. 5년 후의 자신의 모습이 그려지지 않는다면 바꾸도록 하자.

자신의 미래를 명확하게 그린다면 자신의 성장에 크게 도움이 될 것이다. 일에 있어서, 자신의 사생활에 있어서, 전문지식에 있어서, 인간관계에 있어서, 취미생활에 있어서 자신은 이렇게 되고 싶다는 점을 명확하게 하도록 하자.

그렇게 되기 위한 에너지가 생기고 당신의 성장을 보다 크고 빠르게 할 수 있을 것이다. 단지 그냥 하루하루를 보내면 성장의 템포는 늦어지게 될 것이다.

신입사원이 처음 출근할 때는 동기 입사자들과 거의 같은 선상에서 출발한다. 일도 아직 모르고 지식과 경험도 제로에서 출발한다.

하지만 3년, 5년이 지나는 동안 동기생 중에는 일을 잘하는 사람, 출세가 빠른 사람, 이 녀석은 안 돼 라고 상사에게 딱지가 붙은 사람 등 여러 면에서 차이가 생긴다. 이것은 분명히 본인이 어떤 생각으로 일에 임하는가에 달려 있다. 자신의 생각을 갖고 목표를 정해서 그것에 도전하는 의욕이 있는 사람은 당연히 크게 성장할 것이다.

그렇기 때문에 당신도 생각을 바꿔서 이렇게 되고 싶다는 의식을 갖고 노력해야 한다. 그러는 동안 실력은 쌓이게 되고 상사에게 '이 녀석은 괜찮은데' 라는 평가를 얻게 된다. 상사에게 높은 평가를 얻게 되면 당신은 실력이 생겼다는 증거이다.

10년 후의 커다란 목표를 세우자

10년이라면 긴 시간이다. 20대인 사람은 30대가 되고, 30대인 사람은 40대가, 40대는 50대가, 50대는 60대가, 60대는 70대가 되는 식으로 연대는 크게 바뀐다.

그렇기 때문에 연대별로 커다란 목표를 갖는 편이 좋다. 젊을 때부터 20대의 목표, 30대의 목표, 40대의 목표라는 식으로 10년 동안의 연대별 목표를 세우자. 그리고 목표를 달성하기 위해서 올해 무엇을 할 것인가를 정하는 것도 매우 중요한 문제이다.

어떤 사람이라 해도 노력 없이는 대성할 수 없다.

그러나 인간은 약한 동물이기 때문에 피곤하거나 지치는 경우가 있을 수 있다.

그럴 때에 목표를 생각하고 그 목표를 위해 노력하고 있음이 명확하다면 약해지는 마음을 이겨내는 것도 가능하다. 아무것도 없다면 유혹에 빠지게 되고 쉽게 무너지기 마련이다.

그렇기 때문에 10년 후의 목표, 다시 말해 연대별의 목표를 설정해 두는 것이 좋다.

나도 연대별 목표를 정해 두었다. 20대에는 그럴 것을 생각하지 못했었지만 30대가 되어서야 늦었지만 시작하자고 마음먹었다. 60대인 현재, 지금은 재미있는 인생의 창조라고 정해 두었다. 목표 안에는 해외여행을 반드시 정해 두고 실행하고 있다. 그런 실적이 시야를 넓히고 인맥을 쌓고 새로운 활력의 창조로 이어진다.

목표를 현실화하자

목표는 달성해야만 가치가 생긴다. 목표를 정하고 실행하지 않으면 가치는 없어지고 만다. 작심삼일(作心三日)로 끝나는 목표라면 처음부터 세우지 않는 편이 좋다.

목표를 세운 뒤에는 반드시 실행하려는 마음가짐이 중요하다. 이 마음이 계속 이어지는 것이 가장 중요하고 스스로의 마음가짐을 항상 흐트러짐 없이 해두는 것도 중요하다. 인간은 누구라도 마음의 기복이 있다. 일시적으로 '그래 해야지' 라고 마음먹어도 단시간에 포기해 버리는 사람들이 많은 것 같다.

이런 식이라면 목표 달성은 어려울 것이다. 당신은 어떤가? 지금까지 여러 가지 경우를 되돌아보면 포기하는 경우가 많은 편인가? 그렇다면 마음을 고쳐먹고 지금까지와는 다른 자신을 만들어보자. 다른 사람에게 높은 평가를 받는 자신을 상상하면서 노력해보자.

WORK
5
리더가
될 수 있는 사람과
될 수 없는 사람

과거를
되돌아보며
정리한다

꿈의 실현을 위해 최선을 다하자

사람은 여러 가지 꿈을 마음속에 그리면서 살아간다. 작은 꿈이 좋다는 사람이 있기도 하고 작은 꿈만으로는 성이 안 차는 사람도 있다.

나는 어차피 꿈을 가질 거라면 큰 꿈을 갖는 편이 좋다고 생각한다. 실현될지 되지 않을지 상관없이 큰 꿈은 포부가 있다. 자신의 생애를 던져서 이런 일을 실현하고 싶다고 하는 꿈을 가진 사람은 행복하다.

A지역의 C씨가 평생에 걸쳐서 만든 산장이 있다. 전나무 숲길을 따라서 산을 오르면 산장의 입구에 다다른다.

산의 일부분이 산장인 이곳은 여러 나무들을 심어 놓아서 가을에는 단풍으로 유명하다. 예약을 해야 되지만 한정식을 맛볼 수 있다. 산 중턱에 있는 산장에서 내려다보는 단풍과 한정식은 말로 다할 수 없다. 산 전체가 정원 역할을 하며 단풍철에는 엄청난 사람들이 드나든다.

C씨는 전 재산을 들여서 산장을 만들었고 산장에 자신의 꿈을 담았다고 말했다. 지금은 많은 사람이 풍경을 즐기고 단풍을 사랑하며 산장을 사랑한다.

이 산장을 만든 C씨도 틀림없이 만족해 할 것이다. 큰 꿈을 가지고 그 꿈의 실현을 위해 생애를 바쳤기 때문에 틀림없이 훌륭한 인생이라고 말할 수 있을 것이다.

그렇기 때문에 반드시 커다란 꿈을 갖고 꿈의 실현을 향해서 언제나 자신을 이끌어 나아가길 바란다. 그런 인생을 보낼 수 있다면 얼마나 좋을까, 당신도 꼭 노력해서 한 발짝이라도 그런 인생에 가까워지길 바란다.

그날그날 그냥 보내는 생활이 가장 나쁘다

당신은 1년 동안 가슴이 두근거린 일이 있었나.

애인이 생겨서 가슴이 두근거렸다는 것도 괜찮고 자격시험에 합격해서 새로운 인생에 대한 희망이 부풀어 오르며 가슴이 두근거린 것도 좋다. 직장을 바꾸고 조금은 긴장하면서 일에 의욕을 불태우며 가슴이 두근거렸거나 꿈에 그리던 스포츠카를 구입하고 드라이브를 하며 가슴이 두근거리는 것도 좋다.

그러나 잘 생각해 보면 어느 것이든 인생이 걸린 일로 가슴이 두근거렸던 것은 아닐 것이다. 다시 말해서 시간이 경과하면서 생길 수 있는 평범한 일들이라고 할 수 있다.

좀 더 커다란 꿈, 가슴이 두근거릴만한 꿈, 대체 그런 꿈은 무엇이란 말인가. 그런 꿈을 찾아가는 것이 최고의 인생을 만들어

가는 포인트가 아닐까.

한발짝 물러나서 작은 꿈이라도 그것에 열중하고 실현시킨 다음에 다시 다음 꿈에 도전하는 것도 괜찮다.

그러나 아무런 꿈도 없이 매일을 그냥 헛되이 보내버리는 것만은 곤란하다. 적어도 1년이 경과하면 자신은 이만큼 성장했다 라고 말할 수 있는 인생을 살길 바란다.

소년은 늙기 쉽고 학문은 이루기 어렵다는 말이 있는 것처럼 세월은 당신을 기다려주지 않는다. 인생의 커다란 목표에 계속해서 도전하지 않으면 시간은 너무도 빨리 지나가 버린다.

지금까지의 자신을 되돌아보고 자신은 지금까지 이런 일을 했다 라든지 그때는 정말 열심히 했었는데 라고 말할 수 있는 시간은 전부 합해서 얼마나 될까.

지금까지 살아온 수년간 어른이 돼서 가슴이 두근거린 기간과 열심히 살았던 기간을 정리해 보는 것도 좋을 것이다. 그 기간이 길면 길수록 당신의 인생은 행복했었다고 밀힐 수 있다. 앞으로 부디 멋진 인생을 스스로 개척하길 바란다.

꿈을 찾아서-시작 그리고 도전!

당신은 이것을 꼭 해보고 싶다는 생각이 가슴속 깊은 곳에서부터 우러난 적이 있는가.

라이프 워크(평생에 걸쳐서 하는 연구나 꿈 등) 라는 것은 무언가에 흥미를 갖는 것에서부터 시작된다. 흥미를 갖게 되면 좀 더 알고 싶은 욕구가 생겨난다. 욕구가 생기면 행동으로 이어진다. 흥미를 가지고 알게 되면 알게 될수록 재미있어지고 빠져들게 되고 그리고 그것에 대해서 무언가 자신의 손으로 해보고 싶다는 생각이 들게 된다. 반드시 어떤 것을 실현해 보고 싶은 생각이 강하게 들고 그것은 꿈으로 이어진다.

그리고 그 꿈이 실현됐을 때 다른 사람들에게 감동을 주고 도움이 되며 다른 삶에도 꿈을 줄 수 있다. 그렇기 때문에 일단 무언가에 강한 흥미를 갖는 것이 꿈을 찾는 시작이자 발판이다.

흥미를 가질만한 것이 아무것도 없다고 말하는 젊은 사람들이 많다. 단지 하루하루를 바보처럼 보내면 된다고 생각하는 사람들이 많다. 하지만 그런 사람들의 마음속에는 커다란 구멍이 뚫려 있어 항상 무언가 허전함을 느낄 것이다.

어떤 작은 것이라도 상관없이 흥미를 갖고 열중해 보자. 그런 모습은 결국 언젠가는 당신에게 꿈을 줄만한 대상을 찾는 원동력이 될 것이다. 그것은 일에 관한 것일 수도 있고 취미의 세계일 수도 있다. 친구와 같이 무언가를 시작할 수도 있다.

어떤 것이라도 흥미가 깊지 않으면 오랫동안 지속될 수 없다. 일단 무언가 흥미를 가질만한 것을 찾은 다음에는 도전해 보자. 도전과 실패를 계속하면 결국은 성공으로 이어질 수 있다.

아니, 틀림없이 성공한다. 그렇게 생각하고 노력하는 것이 중요하다. 스스로 노력해서 현재를 변화시키지 않으면 아무것도 달라지지 않는다.

5년마다
구체적인
목표를
세우자

노력할 포인트를 명확히 해라

5년 후의 당신은 어떻게 변해 있을까. 또는 지금과 어떻게 달라져 있을 것인가.

확실하게 말할 수 있는 것은 다섯 살을 먹는다는 것이다. 그냥 나이만 먹고 아무런 발전도 없이 단지 나이를 먹기만 하는 것이다. 일에 있어서도 사생활에 있어서도 인간으로서의 스케일에서도 아무런 발전이 없다면 재미없는 삶일 것이다. 조금이라도 발전한 자기 자신을 느낄 수 없고 다른 사람에게도 보다 나은 평가를 받을 수 없다면 세상에서 자신의 존재가치는 전보다 나아졌다고 말할 수 없다.

5년 후에는 반드시 이렇게 되고 싶다는 자신만의 구체적인 꿈이나 목표를 확실하게 정하는 편이 좋다고 생각한다. 5년 후에는 이렇게 될 거야 라는 구체적인 꿈이나 목표가 있다면 노력해야 하는 부분이 명확해지고 좀 더 힘이 들어갈 것이다.

그렇기 때문에 되도록이면 5년 후 자신은 이렇게 되고 싶다는 모습을 명확하게 그려놓길 바란다.

내가 생각하는 서른 살의 모습

서른 살이라면 일에 있어서는 자신이 담당하는 업무를 책임져야 하는 레벨에 있어야만 한다. 상사의 방침이나 지시에 따라서 자신의 담당 분야의 일을 똑바로 처리하고 맡겨두어도 괜찮다는 신뢰감을 얻어야 한다.

당연히 후배도 있기 때문에 규율이나 행동면에서도 "뭐야, 저 선배는"이라는 판단을 받지 않도록 해야 한다. 상사에게도 "저 친구는 꽤 열심히 하고 있어"라는 평가를 받는다면 합격이라고 말할 수 있다.

사생활에 있어서는 반드시 저축을 하길 바란다. 앞으로를 대비해서 조금이라도 저축을 해야 한다. 아무 것도 없다면 불안할 것이다. 자립해서 생활하기 위한 최소한의 필수조건이다.

인간적인 면에서는 후배에게는 도움이 되고 상사에게는 신뢰를 받는, 사람을 끌어모을 수 있는 무언가를 갖도록 하는 것도 중요한 목표이다.

서른다섯 살, 어엿한 사회인

서른다섯 살이 되면 20대와는 달리 어엿한 사회인으로서 주변 사람들의 시선도 달라진다. 아직 젊으니까 라는 대접은 없어지고 책임을 져야 하는 나이가 된다. 결혼을 하고 한 가정의 가장인 사람이 대부분일 것이다.

따라서 생각과 행동 등 모든 면에서 양식 있는 행동을 해야 한다. 사회인으로서의 책임을 다하는 것이 포인트이다.

업무에 있어서는 꽤 중요한 역할이 맡겨질 것이다. 중견 사원으로서 상하를 연결해 주는 파이프 역할이 주어질 수도 있다. 업무를 후배에게 가르치거나 자신의 실력을 향상시키지 않으면 안 되는 위치가 될 수도 있다.

사생활에 있어서도 만약 결혼을 했다면 한 가정의 가장으로서 가족을 부양할 책임이 있다. 경제적으로 독립하고 스스로의 생활을 쌓아가지 않으면 안 된다.

인간적인 스케일에 있어서는 미래의 간부사원으로서 기대되는 능력을 표현하는 것도 필요하다.

마흔 살, 리더로서의 지위를 다진다

마흔 살이 되면 정말 일에 몸을 바치는 시기이다. 회사 내에서는 어떤 위치든 자신의 자리를 잡게 될 것이다.

가까운 장래에 앉게 될 경영진의 자리를 다지는 시기라고 할 수 있다. 리더로서 부하직원을 지도, 지휘, 체크함과 동시에 업적에 있어서도 책임을 갖는 자세가 필요하다. 리더로서 부하직원에서부터 상사에게까지 신뢰를 받고 업무 실적 향상에 공헌할 수 있는 시기이다.

그런 레벨까지 자신을 갈고 닦는 노력이 필요하다.

사생활에서는 사회적 활동으로도 관심을 가져야 한다. 회사일 때문에 시간이 없다고 할지 모르겠지만 무언가 사회와 이어지는 연결고리를 갖는 것도 자기 자신의 스케일을 크게 만드는 데 도움이 될 것이기 때문이다. 업무를 벗어나 무엇인가 사회활동에 참가할 것을 권한다.

어쨌든 마흔 살은 인생에서 가장 크게 비약할 수 있는 시기이다. 체력과 노하우에서 최고라고 불릴 수 있도록 노력하길 바란다.

마흔다섯 살, 간부사원으로서의 활동

마흔다섯 살이라는 나이는 인생에서 하나의 커다란 전환점이다. 회사에서 간부사원으로서 중요한 위치를 차지하고 있거나 또는 출세 코스에서 벗어나 묵묵히 생활하는 등, 사람에 따라서 다른 인생을 걷고 있을 것이다.

하지만 물론 간부사원이 돼서 열심히 일하고 있길 바란다. 자신이 담당하고 있는 분야의 방침이나 목표를 정하고 업적에 대해서 책임을 갖고 회사의 중심인물로서 활약하는 그런 모습이길 바란다. 주변 사람들에게 도움이 되고 존경받으며 활발하게 활약하는 그런 간부사원이길 바란다.

사생활에서는 지역 사회의 중요한 인물로서 활약해야 한다. 또는 어떤 서클 활동이나 모임의 중심이 되어 이끌고 있다면 더할 나위 없다

어쨌든 여러 사람이 당신의 주변으로 모여드는 인물이 되길 바란다.

쉰 살, 사람에 따라서는 중역으로

전에는 일류 기업에서도 마흔다섯 살에 중역이 되는 케이스가 있었지만 최근에는 일반적으로 늦어지고 있다. 쉰 살이 되면 빠른 사람은 이미 중역이 되어 있을 것이다.

중역이라는 것은 경영의 책임자이다. 당연히 경영 수완이 관건이 되고 임기는 2년이지만 문제가 발생하면 재선되지 않고 도중에 해임되기도 한다.

경영 능력과 인격을 평가받는다. 사장이 누군가를 중역으로 고를 때 참고하는 것이 일단 책임을 질 수 있는 사람인가를 많이 생각한다. 다음으로 충성심과 애사심을 참고하는 케이스가 많다.

그리고 인망과 지도력과 선견지명 등 회사가 필요로 하는 것들을 중점 포인트로 고려하면서 뽑는다.

이런 점들을 참고해서 자신이 목표로 할만한 것을 결정하길 바란다. 그리고 그 목표를 향해서 노력해야 한다. 틀림없이 좋은 결과로 이어질 것이다.

자기 투자로
보람있게
돈을 써라

보람있게 돈을 쓰는 방법

자기 투자를 해야 한다. 다시 말해서 자신의 능력이나 기품을 개발하기 위해 자신에게 투자해야 한다.

자기 투자의 기본으로는 다음의 세 가지가 있다.

- 인맥을 만들기 위한 투자
- 전문 지식을 습득하기 위한 투자
- 자신의 시야를 넓히기 위한 투자

이 세 가지에 관한 자기 투자를 하는 것이 좋다.

젊었을 때 자신의 미래를 위해서 투자를 해두면 반드시 되돌아온다. 어차피 돈을 쓴다면 보람 있게 써야 한다. 돈을 함부로 허비하면 그다지 의미가 없기 때문이다.

보람있게 쓰는 돈은 피가 되고 살이 된다. 쓸데없이 허비하는 돈은 일시적인 쾌락을 줄지 모르나 뒤에 남는 것은 아무것도 없다.

자기 투자는 돈을 어떻게 유용하게 쓰느냐에 달려 있다. 시간은 기다려주지 않기 때문에 하루라도 빨리 자신의 미래를 위한 투자를 해두면 경쟁에서 이길 수 있고 남보다 한걸음 멀리 나아갈 수 있다.

인생은 긴 싸움이다. 조금씩 플러스를 쌓아가는 것이 중요하다. 하루나 1개월, 1년만으로는 다른 사람과 그렇게 차이가 나지 않을 수도 있다. 하지만 5년 후, 10년 후에는 반드시 큰 차이가 날 것이고 당신의 손이 올라갈 것이다.

자기 투자를 아까워하지 말고 계획적이고 의식적으로 실천하자. 당신의 결의와 실행이 당신의 장래를 유리하게 해 줄 것이다.

적극적으로 시야를 넓히자

자신의 시야를 넓히면 생각도 바뀐다. 생각의 스케일이 커질수록 전체를 볼 수 있게 되고 방향을 잘못 잡는 일도 줄어들 것이다. 따라서 시야를 넓히는 것이 중요하다.

그렇기 때문에 투자를 하자. 일단 해외여행을 권한다. 관광이 아닌 업무와 관련된 목적을 갖고 외국으로 나가길 바란다. 해외에 나가서 여러 문화나 사람들을 가까이에서 만나면 생각이나 시야가 넓어질 것이다. 해외 유학도 기회가 있다면 적극적으로 추천한다. 외국에서 바라보면 또 다른 시각으로 자신을 볼 수 있다.

다음으로 예술적인 취미를 가져라. 예를 들어, 직접 자신이 그림을 그린다거나 악기를 연주하는 것도 괜찮고 관람을 하거나 감상을 하는 것도 좋다. 다시 말해 지적인 자극을 받고 예술적 영감을 느낄 수 있다면 당신의 몸과 마음은 건강해질 것이다. 그렇게 되면 세상을 바라보는 시야도 넓어질 것이라고 생각한다.

마지막으로 인맥을 만드는 것과 관련이 있는데 자신보다 레벨이 높은 사람과 접하는 것이다. 그 사람이 갖고 있는 지식이나 경험을 느끼고 흡수하는 것이다. 시야를 넓히기 위한 효과적인 방법이다. 스스로의 노력에 따라서 반드시 좋은 결과를 얻을 수 있다.

전문 지식을 더욱 풍부하게

전문 지식의 습득은 일을 추진함에 있어서 무척이나 중요한 부분이다. 전문 지식이 없다면 중요한 업무를 해내기 힘들 것이다. 전문 지식이 깊을수록 가치 있는 업무도 추진할 수 있다는 것을 명심해야 한다.

그것을 위한 투자로는 일단 전문 서적을 많이 독파하는 것이다. 매달 전문 서적을 구독하는 계획을 세우고 실행하자.

때로는 전문 지식에 대한 세미나에 참가하자. 연구 세미나에 참가하고 참가자들과 친해짐으로써 자신의 지식을 더욱 높일 수 있다.

나는 대학을 졸업하고 취직했는데 신입사원 연수회가 끝나고 인사과에 배치되었다. 인사과는 법률 지식을 많이 필요로 하는 부서라서 경제학을 전공해서 노동법과 같은 것에 대해 전혀 지식이 없었기 때문에 노무 문제를 주로 다루는 인사과에서는 업무를 볼 수가 없었다.

그래서 노동법 강좌가 열리는 세미나를 찾아서 회사에 보고를 하고 그곳에 참가하게 되었다. 저녁 6시부터 9시까지 열리는 세미나는 내게 있어서 매우 많은 도움이 되는 시간이었다.

만약 당신에게도 그런 기회가 있다면 참가할 것을 추천한다. 저녁에 3시간, 1년 동안이었기 때문에 상당히 힘이 들었던 기억이 있는데 업무에서는 매우 큰 도움이 되었다. 벌써 30년 전 일이지만 지금도 당시의 상황이 추억으로 남아 있다.

인맥만들기의 투자 대책

인맥만들기는 매우 중요하다. 좋은 인맥을 가지고 있다면 일에서도 인생에서도 크게 플러스될 것이다. 인맥은 스스로 노력해서 만들어가지 많으면 안 된다.

일단 교우관계를 넓히는 것부터 생각해야 한다.

만약 근처에 어떤 공부를 목적으로 하는 그룹 활동이 있다면 그곳에 들어가는 것도 하나의 방법이다.

서로의 자기계발을 목적으로 한 달에 한 번이나 일주일에 한

번씩 모이거나 강사를 초빙해서 공부를 하는 모임이라면 반드시 참가할 것을 추천한다.

동년배의 아는 사람이나 친구를 늘림으로써 서로 교감하는 기회도 많아질 것이다.

게다가 한 번 만난 사람을 소중히 여기는 것도 중요하다. 만났던 사람이 도움이 된다고 생각하면 적극적으로 가까워지자. 무언가 구실을 만들어서 만나는 노력이 필요하다.

인맥만들기를 적극적으로 추진하다 보면 아무래도 식사를 하거나 커피를 마시는 등의 교제비가 필요할 것이다. 그것도 인맥만들기의 필요 투자라고 생각하길 바란다. 어느 정도 돈을 쓰지 않으면 인맥은 쌓여지지 않는다.

잡담을 하면서 마음이 통하게 되면 서로의 이해도 깊어지고 마음이 통하게 된다. 그런 용도의 돈을 아껴서는 안 된다. 이것이 바로 보람 있게 쓰는 돈이다. 꼭 젊을 때부터 인맥을 만들어 두도록 노력하자.

목표로
세운
사람에게서
무엇을
배울 것인가

꼭 배워야 할 포인트

자신의 레벨을 높이기 위해 목표로 하는 라이벌을 결정하고 쫓아가기 위한 노력을 하는 것이 제일 좋은 방법이다. 그렇게 하면 구체적으로 목표하는 인물이 눈앞에 있기 때문에 자연히 힘이 들어간다.

배워야 할 기본 포인트는 다음과 같다.

① 업무의 진행방법에서 남다른 점
② 풍요로운 사생활을 보내는 법
③ 그 사람의 인생관에 대해서

목표로 정할 정도의 사람이니까 당연히 일도 잘할 것이다. 그 사람의 업무를 보는 방법, 일을 할 때 어떤 점에 포인트를 두고 있는가 등, 배워야할 점 등이 많을 것이다. 일에 있어서는 좀 더 많이 배워야 할 것들이 있을 것이다.

다음으로 사생활에 관해서인데 사생활은 마음을 쉬게 하는 곳이고 업무의 활력을 만들어내는 곳이기 때문에 스트레스의 해소법, 시간 사용법, 교제술 등 얻어야 할 점이 있다면 적극적으로 얻어내고 자신의 사생활을 보다 풍요롭고 즐겁게 하는 것이 중요하다.

마지막으로 인생관에 대해서인데 사회적인 활동이나 레저, 인생의 목표 등에 관해서 서로의 생각이나 의견을 교환하고 배워야 할 점은 배우는 자세가 필요하다.

또한 돈의 사용방법을 잘 관찰해야 한다. 돈의 사용법은 그 사람의 인생관이 잘 나타난다. 좋은 점은 받아들이고 마음에 안 드는 점은 스스로의 반성 교제로 삼도록 하자.

업무처리 방법을 배우자

목적으로 하는 인물의 업무처리 방법을 철저하게 분석 검토하고 배워야 할 점은 배우도록 하자.

일단 제일 먼저 배울 것은 업무 계획을 세우는 법이다. 어떤 업무라도 처리 순서, 다시 말해서 계획을 수립해야 하고 될 수 있는 한 효율성 있게 진행하지 않으면 안 된다. 그렇게 하지 않으면 경쟁에서 밀리게 된다. 면밀하고 좋은 계획이 업무 효율을 좌우한다. 어떤 점에 포인트를 두고 계획을 세우는가를 잘 관찰하고 그 포인트를 훔쳐라.

다음은 그 계획을 실행하기에 앞서서 어떻게 움직이는가를 살피도록 하자. 계획은 여러 가지의 장애물에 부딪히기 마련이다. 계획과 실적이 차질이 없게 일을 잘 진행시키도록 컨트롤하는 방법을 습득해야 한다.

업무가 순조롭게 진행되더라도 마음을 놓아서는 안 된다. 마지막 순간에 실수를 하면 좋은 결과를 얻을 수 없다. 이런 점을 어떻게 처리하는지 잘 보고 배워야 한다.

그리고 업무에는 반드시 비상사태나 돌발 상황이 뒤따르기 마련이다. 이것을 극복해서 일을 마무리해야만 한다. 충분한 여유를 갖고 임기응변으로 여러 상황에 대응하지 않으면 일은 수포로 돌아간다.

이상이 업무에 있어서 배워야 할 포인트이다.

목표로 하는 인물의 업무 방법이 진부 옳다고는 말할 수 없다. 괜찮은 부분이 많겠지만 결점도 있을 것이다. 그렇기 때문에 결점은 버리고 좋은 점만 찾아서 흡수하도록 하면 좋은 결과가 나올 것이다.

사생활에서는 무엇을 배울까

사생활에 관해서는 일단 스트레스 해소법을 배워야 한다. 일에서 쌓이는 스트레스를 자연스럽게 발산하고 다음 업무의 활력을 얻어내는 것이 중요한 문제다. 다른 사람들의 스트레스 발산법을 보고 배우면서 자신만의 스트레스 발산법을 만들어야 한다. 사람은 모두 같을 수 없기 때문에 자신에게 가장 알맞은 스트레스 발산법을 찾을 필요가 있다.

다음으로 시간을 유용하게 사용하는 방법이다. 어떤 사람이라도 하루는 24시간이지만 시간 활용을 잘하는 사람이 있고 그렇지 못한 사람이 있다. 이 차이는 꽤 크다고 할 수 있다. 사생활에서 계획적인 시간 활용법, 짧은 시간 활용법, 시간을 만들어서 활용하는 법 등이 있다. 어느 것이든 소중한 시간을 낭비 없이 활용하기 위한 포인트라고 할 수 있다.

마지막으로 교제술이다. 일에서도 사생활에서도 다른 사람과 협력하지 않으면 일을 할 수 없고 충실한 사생활을 지낼 수 없다. 다른 사람의 협력을 얻기 위해서는 교제술이 어느 정도 필요하다. 사람의 마음을 편안하게 해주는 화술이나 신뢰감을 줄 수 있는 언동 등을 잘 관찰해야 한다.

사생활을 풍요롭고 충실하게 보내기 위해서는 능숙한 교제가 반드시 필요하다.

인생관을 배우자

인생관은 그 사람의 살아온 발자취라고 생각한다. 이것은 주변 사람에게 상당한 영향을 끼친다.

일단 업무를 대하는 자세는 어떠한가.

책임감이나 사명감에 있어서 확고한 생각을 갖고 있는가.

어려운 업무에도 책임을 갖고 주체성을 발휘하면서 마지막까지 책임지는 강한 신념을 찾아볼 수 있나.

이런 점이 매우 중요한 포인트이다.

다음으로 관심을 갖고 관찰해야 할 것은 인생의 목표이다. 어떤 목표를 갖고 있는지, 왜 그런 목표를 갖게 되었는지를 잘 살펴본다면 틀림없이 스스로의 목표를 설정하는 데 많은 참고가 될 것이다. 강한 자극을 받는다면 이것 또한 스스로에게 커다란 플러스가 될 것이다.

자신의 인생에 확실한 목표를 갖고 있는 사람은 다른 사람에게서는 느낄 수 없는 다른 인간성을 느낄 수 있다.

마지막으로 레저 활동이나 휴식에 관한 것이다. 레저 활동 등은 일상의 긴장감에서 스스로를 해방시켜서 마음에 활력을 불어넣는다.

그것을 어떤 식으로 즐기고 있는지, 그 효과를 어떻게 생각하고 있는지, 비용은 어느 정도 들이고 있는지 등을 참고하자. 긴장을 풀기 위해 레저 활동 등의 취미 활동에 시간과 비용을 투자하는 것은 당연한 일이다.

그런 시간과 비용은 아끼지 않고 유용하게 쓰는 것이 좋다.

라이벌과의
차이를
벌려라

경쟁으로 자기 자신을 단련시켜라

사람은 서로 경쟁하는 환경에 놓이게 되면 자연스럽게 능력을 키우게 된다. 과도한 경쟁은 여러 가지 문제를 만들지만 경쟁이 전혀 없는 상태에서는 발전을 기대하기 어렵다.

경쟁이 심해지면 상대를 이기기 위해 수단과 방법을 가리지 않게 되고 상호연계된 행동이나 협력 관계가 없어진다. 또한 자신만 괜찮다면 다른 것은 어떻게 돼도 상관없다는 식이 되어 조직이라는 관점에서 보면 결국은 마이너스가 된다.

한 사람, 한 사람의 힘을 합쳐서 플러스알파의 힘을 발휘하는 시너지 효과는 기대할 수 없게 되고 마이너스 효과가 나오는 결과가 되어 버리고 만다.

반대로 전혀 경쟁이 없는 경우는 자극이 없고 스스로의 레벨을 높이기 위한 노력을 하지 않게 된다. 인간은 쉽게 조류에 휩쓸리는 경향이 있기 때문에 따로 레벨을 높이기 위한 노력이 필요 없어지면 자신의 존재가 위협당하지 않는 한 아무 것도 하지 않게 된다.

적당한 경쟁이 사람을 키우고 의욕을 향상시켜 긍정적인 자세를 만들어준다.

필요한 것은 자신을 둘러싸고 있는 환경을 스스로의 노력으로

적당한 경쟁 상태로 만드는 것이다. 자기 자신을 무언가를 하지 않으면 안 되는 상태로 몰아가는 것도 어느 정도 필요하다.

비교하고 경쟁해서 추월하라

당신의 직장에는 2년에서 3년 정도의 선배로 저런 사람이 되고 싶다고 느낄만한 사람이 있는가. 누군가 한 사람, 자신 주변의 사람을 라이벌로 정하고 그 사람과 지금의 자신을 비교해서 모자라는 부분을 생각해 보자.

모자라는 점을 알았다면 그것을 보충하면 된다. 경쟁 상대를 따라갈 수 있도록 노력하자. 자신의 능력 향상을 위해서 좀 더 좋은 방법은 라이벌을 정하고 그 사람에게 도전하는 것이다. 라이벌의 업무 처리 방법이나 장점을 충분히 관찰하고 어떤 점에서 자신보다 앞서가는지 비교하고 검토하자.

라이벌을 항상 의식하고 스스로 능력 계발이나 기능의 향상을 위해 노력한다면 반드시 라이벌을 따라 잡을 수 있다. 일단 구체적인 목표를 정하는 것이 중요하다.

레벨이 높은 사람을 접하지 않으면 자신의 레벨도 높아지지 않는다.

라이벌에게서 배울 점

라이벌을 정하면 그 사람을 좇고 뛰어넘지 않으면 안 된다. 라이벌에게 배워야 할 점은 무엇일까.

일단 목표를 정하는 것이 중요하다. 라이벌이 어떤 목표를 갖고 있는지, 목표를 정할 때 무언가 독특한 생각이나 방법을 사용하지는 않았는지, 그 목표에 대해서 어떤 노력을 하는지, 목표에 따라서 움직이지 못할 때는 어떤 타개책을 세워서 실행하고 있는지 알아야 한다.

이처럼 목표에 대한 생각의 포인트를 배우는 것이 중요하다. 어떤 일이라도 반드시 목표를 세우고 그 목표를 향해서 어떻게 노력하고, 목표 미달인 경우에는 어떤 대책을 세워서 만회하려고 하는지, 그런 것들을 일단 배우는 것이 필요하다.

두 번째로는 업무에 관한 전문 지식의 습득 방법을 배워서 실행하도록 하자.

영업사원이라면 자신이 판매하고 있는 상품의 지식이 없으면 안되고 그 밖에 판매 관리 방법, 예를 들어 고객의 요구를 충족시키는 법이라든지, 라이벌 회사의 정보 수집 포인트라든지, 판매라는 업무를 추진하기 위해 필요한 기본 지식을 습득하는 것이 중요하다.

제조 현장의 사람도 정보 처리 기사도 총무과나 경리과에서 근무하는 사람도 자신이 담당하고 있는 업무의 기본 지식을 깊이 있게 습득하는 것이 매우 중요하다.

세 번째로는 업무에 임하는 자세이다. 자신이 담당하고 있는 업무에 대해서 어느 정도 책임감 있게 임하고 있는가이다. 사명감을 갖고 업무에 임하는 사람은 반드시 강한 책임감을 갖고 있는 사람이다. 자신의 업무가 어떤 기대 효과를 갖고 있는가를 잘 알게 되면 책임감도 자연히 강해질 것이다. 기대 효과에 반드시 부응하자라는 마음으로 업무에 임하면 틀림없이 좋은 결과가 나올 것이다. 그렇게 업무에 임하는 자세와 마음가짐을 배우길 바란다.

자기계발을 위한 다섯 가지 포인트

자신의 능력을 향상시키기 위해서는 자기계발이 기본이다. 자기 스스로 노력해서 자신의 레벨을 높이려는 강한 의욕이 없다면 자기계발을 오래할 수 없을 것이다.

자기계발을 위한 포인트를 다섯 가지로 나누면 다음과 같다.

① 노력 포인트를 명확하게 하라. 그렇게 하기 위해서는 자신의 약점을 잘 생각해 봐야 한다. 약점을 강점으로 바꿀 수 있으면 매우 큰 것을 얻는 것이다.

② 긍정적인 사고를 갖자. 다시 말해 어떤 것이든 마이너스 관점이 아닌 플러스 관점, 즉 긍정적으로 생각하도록 하자. 플러스 면을 중시하고 그것을 중심으로 생각하는 것이다.

③ 자신의 세일즈 포인트를 만들자. 말하자면 자신 있는 분야라고 할까, "이 일은 저 친구에게 맡겨"라는 평가를 얻을 수 있는 특기 분야를 갖도록 하자.

④ 밸런스 감각이 있는 인간이 되도록 노력하자. 중요한 것은 어느 한쪽으로 치우치지 않고 판단할 수 있는 시야이다. 이러한 시야를 넓힐 수 있도록 노력하자.

⑤ 자신보다 레벨이 높은 친구나 인맥을 어떻게 만들 것인지 생각하고 행동하자. 이것은 매우 중요한 포인트이다.

이상 다섯 가지를 적어보았다. 이 다섯 가지를 자기계발의 중심에 놓으면 틀림없이 당신의 레벨은 크게 향상될 것이다.

자기계발을 위한 노력을 계속함으로써 처음으로 커다란 효과를 얻을 수 있다. 도중에 중단하거나 그만두면 효과가 없다. 포인트를 정하고 계속 노력하는 것이 가장 중요한 관건이다. 그 점을 충분히 인식하면서 자기계발에 임하도록 하자.

1년이나 2년 정도로는 효과를 느낄 수 없을 수도 있다. 하지만

10년을 계속한다면 아무 것도 안한 사람에 비교할 때 그 차이는 엄청나다고 말할 수 있다.

매일 작은 것들을 쌓아 10년이 지나면 매우 엄청난 힘을 얻을 수 있게 된다.

자신의 마음에 엔진을 달아라

가장 권하고 싶은 것은 스스로가 의욕적으로 향상하려는 마음가짐을 갖도록 노력하라는 것이다. 다시 말해 자신의 마음속에 엔진을 부착하고 적극적으로 활약하는 것이다.

그렇게 할 수 있다면 자신의 레벨을 향상시키는 것은 그렇게 어려운 일이 아니다.

'이대로는 안 돼' 라고 스스로가 강하게 느끼는 것은 자신의 마음에 엔진을 설치하는 동기가 된다.

예를 들어, 레벨이 높은 환경에 놓이면 자신의 모습을 잘 알 수 있게 되고 '이대로는 안 돼' 라는 생각을 갖게 된다. 그리고 자신이 나서서 스스로를 향상시키려는 에너지를 조금씩 발산하게 된다. 자신을 어려운 환경에 두는 것도 매우 중요하다고 생각한다.

그곳에서 '자, 시작해 볼까' 라는 마음이 생긴다면 성공했다고 말할 수 있다.

리더에게는
마음의
유연성이
필요하다

다변화 시대에 어떻게 대처할 것인가

현대 사회는 여러 현상이 교차하면서 어지럽게 변하는 사회이다. 조금이라도 한눈을 팔면 지금까지와는 전혀 다른 현상이 계속해서 생겨나고 사라지고 그 대응에 쫓기게 된다.

그런 관점에서 보면 앞으로의 리더에게 보다 필요한 기본적인 조건은 마음의 유연성이라고 해도 과언이 아니다. 어떤 상황에서도 유연하게 대응할 수 있는 마음가짐이 필요하다. 어떤 지식이나 경험이 있다고 해도 마음의 유연성이 없다면 현실에 도움이 되지 않는다.

앞으로의 리더에게 있어서 마음의 유연성을 어떻게 배양할 것인가는 커다란 과제이다.

마음의 유연성 향상은 고집을 얼마나 버릴 것인가 라는 점에 달려있다. 지금까지의 지식이나 경험, 습관, 방법, 수단 등을 계속 주장하면 리더로서 성공하기 어려울 것이다.

새로운 변화, 새로운 환경, 새로운 사고, 새로운 방법, 새로운 수단 등에 유연하게 대처하기 위해서는 고집을 버려야 새롭게 시작할 수 있다.

앞으로 10년, 20년 후의 변화는 우리들이 예측한 것 이상이 될 것이다. 다변화 시대에 대응하고 리더로서의 역할을 다할 수 있는가는 당신의 마음가짐에 달려 있다.

고집을 버렸을 때 당신은 리더로서의 기본 자질을 갖추었다고 말할 수 있을 것이다.

언제나 앞을 보고 있지 않으면 고집은 버릴 수 없다. 선견지명이 매우 중요한 시대이다.

능숙한 업무처리는 당연한 것이다

리더는 업무처리를 잘하는 것이 당연하다. 업무처리가 서투른 사람은 리더가 될 수 없다.

가족 경영의 회사에서 사장 가족 이외의 사람은 간부사원이 될 수 없는 케이스도 있다. 일을 전혀 못하는 사람이 사장 가족이라는 이유만으로 리더가 되는 경우도 있다.

이런 경우에 직장은 불평불만이 팽배해지고 능률은 저하되어 회사를 유지할 수 없게 될 가능성이 매우 크다. 그렇게 되면 마지막에는 그 사원을 교체할 수밖에 없다. 그렇기 때문에 아무리 가족이라도 업무를 전혀 볼 수 없는 사람이 리더가 될 수는 없다.

일을 잘하는 사람. 이것이 리더가 되는 사람의 전제조건이다. 일을 잘하고 게다가 여러 가지 조건이 요구되는 것이 리더이다.

일을 잘한다는 것은 업무에 대해서 전문지식이나 경험이 있고 담당 업무에 대해서 높은 실적을 올리고 있으며 인망이 후배나 부하직원 그리고 상사에게도 미치고 있다는 세 가지 점의 밸런스가 맞는다는 것이다.

이 세 가지 점이 합격이면 일을 잘하는 리더로서 평가받을 것이다.

하지만 경제대국을 지향하는 나라에서라면 일을 잘하는 것만으로는 리더로서 불충분하다.

국제적인 시야로 보고 방법과 수단을 선택해서 사회적 책임을 질 수 있는 사고를 갖고 있지 않으면 안 된다. 리더에게는 좀 더 글로벌적인 사고, 마음가짐의 넓이가 요구된다.

세계를 바라보는 눈을 넓히자

우리들의 주변을 살펴보면 완전한 국산품은 거의 찾아볼 수 없다.

세계에서 가장 싸고 좋은 원자재를 수입해서 물건을 만드는 회사, 해외에서 생산하고 그것을 수입하는 회사, 원자재나 상품의 일부를 외국 제품으로 하여 물건을 만들거나 판매하고 있는 회사 등이 늘어나고 그런 의미에서 해외와 완전히 관계가 없는 회사는 거의 없다고 해도 과언은 아니다.

그래서 리더는 국내뿐만이 아니라 세계정세를 잘 알아야 한다. 그렇게 하기 위해서는 종교의 기본적인 부분을 공부하는 것도 좋다고 생각한다. 기독교, 불교, 이슬람교, 힌두교, 천주교 등 세계의 주요한 종교가 어떤 것인지 알아야 외국인들의 생각이나 사상의 근거를 어느 정도 이해할 수 있다고 생각한다.

종교를 이해함과 동시에 자신과 조금이라도 관계있는 국가에 대한 경제 레벨을 파악해야 한다. 할 수 있다면 그 나라에 가보는 것도 좋다고 생각한다.

자신이 직접 보고 느끼는 것이 제일 중요하다. 그렇게 되면 세계를 보는 시야도 넓어질 것이다. 그렇기 때문에 만약 돈과 시간이 있다면 업무 이외의 경우로 해외에 많이 나가길 바란다.

외국에서 자국을 바라보면 자국의 좋은 점, 나쁜 점이 매우 확실히 보인다. 그것은 리더로서의 사고력이나 마음의 유동성을 넓히는데 소중한 영양제가 될 것이다.

사람을 끌어당기는 매력

리더에게는 혼자 일하는 것보다 여러 사람의 힘을 끌어내서 그 힘을 집중시켜 실적을 올리는 역할이 있다.

앞으로 그 역할은 점점 커질 것이라고 생각된다. 따라서 사람을 끌어들이는 매력이 가장 중요한 포인트가 될 것이다. 리더는 사람들이 자신을 따라오지 않으면 힘을 낼 수 없다. 어떻게 그 매력을 만들 것인지가 과제이다.

또한 리더는 인망(人望)이 필요하지만 사람을 감싸는 포용력도 필요하다. 그 사람이라면 어떻게 해줄 수 있을 거야, 상담을 들어줄 거야, 도움을 줄 거야 라고 느낄 수 있는 인격을 갖도록 하자.

어쨌든 다른 사람이 따뜻함을 느낄 수 있는 인물에게 인망이 모이는 것 같다. 당신도 그렇게 되도록 노력하길 바란다. 너무 감정적이 되어버리면 도량이 적은 사람이라고 보일 수 있다. 자신이 자신의 감정을 어느 정도 컨트롤하지 못하면 인망은 쌓이지 않는다.

또한 차가운 사람이라는 인상을 주어서는 안 된다. 아무리 일을 잘 하고 똑똑해도 다른 사람에게 차가운 사람이라는 인상을 남기면 인망은 바랄 수 없다. 이 점을 충분히 인식해야 한다.

리더에게
요구되는
P · I · C란
무엇인가

리더가 갖춰야 할 조건

앞으로의 리더로는 P·I·C의 밸런스가 맞는 인물을 찾게 된다. P·I·C란 P(Profit)는 이윤추구를 의미하고, I(Innovation)는 개혁을 의미하고, C(Culture)는 기업 문화를 의미한다.

영리를 목적으로 하는 기업에 소속되어 있는 한 리더는 이윤추구를 항상 최우선 과제로 하지 않으면 안 된다. 단지 리더의 역할은 그것뿐이 아니라 동시에 여러 가지 면에서 항상 혁신을 도모함과 동시에 정당한 가치관을 축으로 하는 기업문화, 다시 말해 사풍(社風)을 만들어 확립시키는 중심에 있지 않으면 안 된다.

한때 이윤을 추구하기 위해서는 수단과 방법을 가리지 않는다는 풍조 때문에 여러 가지 사회문제가 발생했는데 그 반성과 함께 기업의 사회적인 책임을 물었다. 시대는 지속적으로 변화하고 있고 그 변화에 대응하기 위해 기업은 언제나 혁신을 꿈꾸며 사회적 책임을 다하도록 요구되고 있다.

그 중심에 서서 활약하는 것이 리더이다. 앞으로 새로운 타입의 리더에게는 P는 물론이거니와 I와 C가 보다 중요한 무게로 자리잡을 것이다.

시대의 변화와 함께 P·I·C의 밸런스가 미묘하게 변하고 있지만 앞으로는 I와 C의 무게가 지금 이상으로 높아질 것이라고 예상된다. 반사회적인 행위로 이윤을 추구하면 반드시 어딘가에서 그 대가가 돌아온다.

P—이윤추구

어느 시대에서나 이윤추구는 리더의 중요한 역할이다. 기업이 영리를 목적으로 하는 한 이것은 변하지 않을 것이다.

최소한의 필요 이익이 없는 한 기업을 존속시킬 수 없기 때문이다.

기업의 목적은 존속하기 위함이므로 이윤추구는 존속을 위한 수단이라는 생각도 있지만 기업의 규모가 작은 경우는 이윤추구 그 자체를 목적으로 하지 않으면 존속이 어려워진다.

리더의 이윤추구 역할을 더욱 자세히 살펴보면 다음 다섯 가지를 중요 포인트로 할 수 있다.

① 실적 향상을 위해 공헌한다.

② 상하의 파이프 역할을 한다.

③ 부하직원의 지도 육성에 힘쓴다.

④ 보좌역으로서의 인식을 갖는다.

⑤ 실적이나 직장의 개선을 추진한다.

이 다섯 가지 포인트에 대해 다음과 같은 점들을 덧붙였다.

일단 실적 향상에 공헌하는 것이 리더의 중요한 역할이지만 이것은 평사원도 마찬가지이다. 평사원은 실적 향상에 공헌하지 않아도 된다는 회사는 없을 것이다.

단, 리더의 경우 실적향상에 공헌하는 방법이 평사원과는 다르다. 평사원의 경우는 자신의 담당 업무에 대해 최선을 다해서 실적향상에 공헌하면 되지만 리더의 경우는 다른 사람을 활용해서, 즉 자신 한 사람 아닌 다른 사람의 능력을 활용해서 실적 향상에 공헌할 필요가 있다. 이 점이 평사원과 다른 점이다.

상하의 파이프 역할이란 위의 뜻을 아래로 전달하고 아래의 뜻을 위로 전달하는 다리 역할을 뜻한다. 위의 생각을 정리해서 아래로 전달하고 아래의 의견을 수렴해서 위에 전달하는, 조직의 흐름을 조절하는 그런 역할을 하지 않으면 안 된다는 뜻이다.

부하직원의 지도 육성은 옛날부터 행해지는 일이다. 다시 말해 OJT를 잘하라는 뜻이다.

여기서 한 가지 제안을 하기로 하자. 만약 부하직원이 상사인 당신에게 '이것은 어떻게 할까요'라고 물어오면 바로 대답하지 말아야 한다. 반드시 '자네의 생각은?'이라고 물어보도록 하자.

이것이 부하직원 육성의 기본 포인트이다. 이렇게 함으로써 부하직원은 생각할 수 있는 기회를 얻게 되고 자신의 의견을 갖게 된다. 말하자면 '이렇게 하고 싶습니다만, 어떻습니까?' 라는 자신의 의견을 항상 앞에 내놓고 질문하는 식으로 하는 것이다.

보좌역으로서의 인식이란 한단계 높은 위치에서 생각하고 실행하자는 뜻이다.

평상시부터 그런 생각으로 일을 하지 않으면 진짜 필요하게 될 때 상사의 보좌역으로서 일을 추진할 수 없다. 회사 전체가 항상 한단계 높은 위치에서 생각하고 그 생각을 실행한다면 높은 레벨의 집단이 될 것이다.

직장이나 업무의 개선은 리더의 영원한 과제이다. 이것이 최선이다고 할 수 있는 것은 없다. 비즈니스 그라운드는 항상 변화하고 있기 때문에 업무 진행법, 시스템, 수단, 방법, 규칙 등은 항상 최선의 방법으로 개선하지 않으면 안 된다. 리더가 항상 눈을 떼지 말아야 한다.

ㅣ-혁신 추진

시대의 변화와 함께 기업도 변화하지 않으면 안 된다. 기업은 지속적인 혁신이 있어야만 영광을 누릴 수 있다. 그 중심이 되어서 경영혁신을 진행하는 것이 리더이다. 리더가 경영혁신을 중요하게 생각하지 않으면 그 결과는 바로 나타난다. 현재가 최고라는 생각을 버리고 언제나 보다 나은 방향을 향해서 노력할 생각을 갖도록 하자.

경영혁신을 가장 극단적으로 실현할 수 있는 것이 신규 사업의 전개이다. 앞으로 유망한 시장에 참가할 용기와 결단이야말로 기업의 체질 개혁을 이룰 수 있는 길이며 새로운 전개를 맞이할 수 있게 되는 것이다. 앞으로는 개혁이 내일의 영광을 약속해 주는 열쇠가 된다.

C-기업 문화창조

기업이 사회적 비판을 받는 일이 없도록 사회에 이윤을 환원하고 회사 내에 정당한 윤리관을 심는다면 리더는 높은 평가를 받을 것이다. 회사는 지역과의 관계를 양호하게 유지함과 동시에 지역에 여러 가지 공헌을 하지 많으면 높은 평가를 받을 수 없는 시대가 되었다.

기업의 사회적 비용은 앞으로 보다 상승할 것이라고 예상된다. 회사 내에 정당한 윤리관을 육성하는 것이 매우 중요하다. ‘우리 회사의 이념으로서 이런 일은 안 합니다’ 라는 선을 사장부터 평사원까지 반드시 가질 수 있는 기업 내의 윤리관을 확립하지 않

으면 안 된다.

앞으로는 기업의 생각이나 행동이 사회의 여러 사람에게 감시 되는 시대가 될 거라고 말할 수 있다.

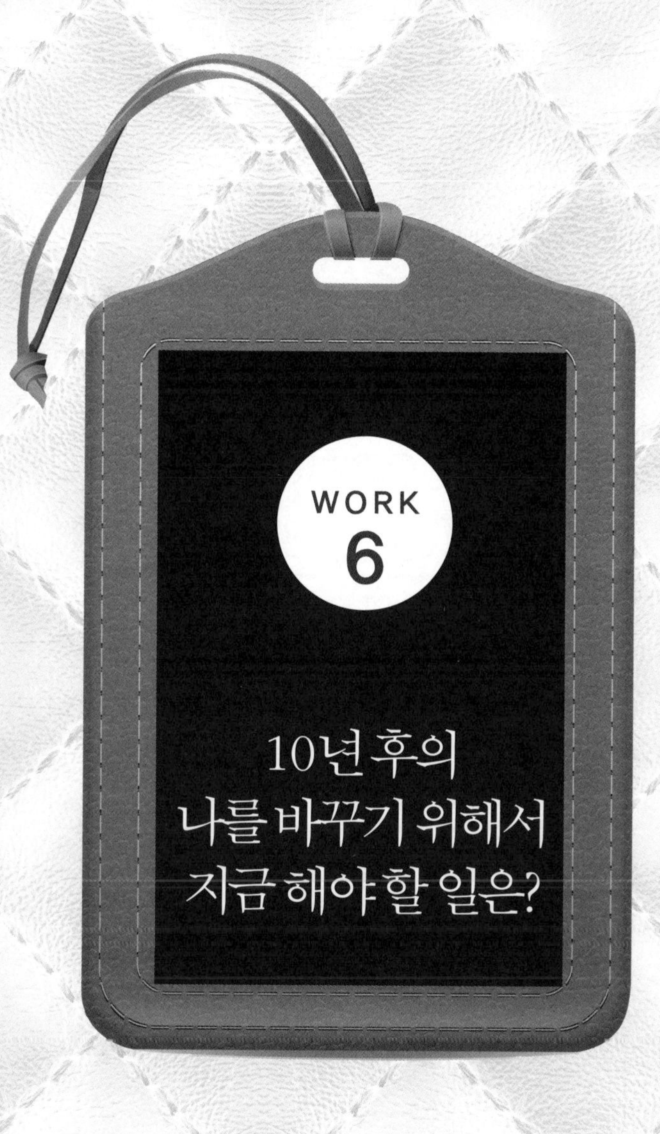
WORK
6
10년 후의
나를 바꾸기 위해서
지금 해야 할 일은?

20대에
요구되는
능력과
30대에
요구되는
능력

학교 성적과 사회 성적

학교에서 성적이 좋았던 사람이 사회에서 성적이 반드시 좋다고는 단정지을 수 없다.

그 반대로 학교에서 성적이 나빴던 사람이 사회에서 성적도 나쁘다고는 말할 수 없는 것이다.

왜 그럴까? 그 이유는 학교와 사회의 능력평가에 차이가 있기 때문이다.

학교에서는 지적 능력, 다시 말해서 외우거나 이해하는 능력으로 성적을 정해버린다. 시험 점수가 좋으면 성적이 올라가는 것이다.

하지만 사회에서는 그렇지 않다. 물론 지적 능력은 매우 중요한 포인트이지만 그 외에도 태도적 능력과 행동적 능력이라는 것이 평가된다.

태도적 능력이란 사람과 사람 사이의 관계를 좋게 하는 능력이다. 선배나 상사로부터 호감을 받는다든가 직장 동료들과 협조적으로 함께 일을 한다거나 하는, 대인관계를 순탄하게 쌓아가는 능력이다.

행동적 능력이란 실행력이나 적극성 같은 행동력이 왕성하다는 것을 말한다.

이 두 개의 능력은 사회에서 매우 중요시된다. 학교 성적은 나쁘더라도 이 두 개의 능력이 뛰어나다면 사회에서 두각을 나타낼 것이다. 반대로 지적 능력이 아무리 뛰어나더라도 이 두 개의 능력이 부족하면 사회에서의 성적은 별로 좋지 않게 된다.

이런 지적 능력, 태도적 능력, 행동적 능력의 세 가지의 밸런스가 중요하다. 이 세 가지 능력을 밸런스 있게 지니고 있는 사람이 결국엔 최종적으로 리더로서의 지위를 구축하게 될 것이다.

아무쪼록 이 세 가지의 능력을 의식해서 갈고 닦는 노력을 해주길 바란다. 그렇게 한다면 당신도 반드시 훌륭한 리더가 될 것이다.

20대에는 지적 능력을 연마하자

20대는 두뇌가 젊어서 여러 지식을 끌어담는 기억 용량이 충분하다. 그렇기 때문에 일에 직접 필요한 지식은 당연한 것이고 그 외에의 지식도 가득 담아두는 것이 좋다고 생각한다.

20대에 담아둔 지식은, 예를 들어 제각각의 내용으로 맥락이 없더라도 나중에 반드시 어떤 형태로든 쓰이게 된다. 그렇기 때문에 지식의 양과 폭을 넓히는 것이 중요하다. 지식의 절대량이 부족하면 좋은 아이디어가 나올 수 없다.

각종 다양한 지식이 바탕이 되었을 때 비로소 어떤 계시(啓示)에 의해 좋은 아이디어가 펼쳐지는 것이다.

지적 능력을 연마하는 첫 번째 포인트는 뭐라 해도 전문 서적을 깊이 읽는 것이다. 자신의 전문 분야의 지식 실력을 높이는 것이 매우 중요하다. 논리 정연한 사고와 논리적 전개를 할 수 있도록 하기 위해서는 전문 서적을 읽고 자기 것으로 만드는 것이 기본이다.

다음엔 그 분야에서 자기보다 실력이 높은 사람과 함께 일을 하는 것이다. 이렇게 하면 책에서는 얻을 수 없는 일하는 방법이나 중요한 것을 알게 된다. 특히 그런 사람이 상사로 있으면 당신의 지적 능력은 단기간에 높아질 것이다. 물론 당신이 그런 자세를 가지고 상사에게 먼저 다가가는 의욕이 전제되어야 한다.

30대에 요구되는 태도적 능력

20대에는 다소 제멋대로 행동을 해도 '저 녀석은 아직 젊으니까' 라고 용서되는 일이 많다. 주위 사람들도 20대에 대해서는 인간으로서 미완성, 이제부터라는 생각을 가지고 있기 때문에 부드러운 눈으로 지켜보는 마음이 드는 것이다.

그러나 결혼을 하고 서른 살이 넘으면 제멋대로인 행동은 용서

될 수 없다. 부인이나 자녀가 있는 나이가 되면 당연한 일이지만 주위 사람들도 의젓한 한 사람의 사회인으로서 보게 되기 때문이다. 그런 상황 속에서 멋대로 행동을 한다면 다른 사람들에게 불신감을 줄 뿐이다.

때문에 30대는 특히 태도적 능력이 필요하다. '저 녀석도 결혼을 한 뒤로 좀 어른이 되었는 걸' 이라는 평가를 받는다면 당신의 태도적 능력은 지금까지보다 향상되었다는 뜻일 것이다.

의식적으로 태도적 능력을 향상시키려는 노력을 하는 것이 중요하다. 그 포인트가 되는 사고방식을 나열해 보겠다.

① 팀웍을 좋게 하기 위해서 어떻게 해야 할지를 항상 생각하고 행동한다.

② 모두가 기피하는 일, 남는 일, 귀찮아하는 일이라고 생각하는 것을 적극적으로 맡는다.

③ 다른 사람의 애기를 겸허하게 듣는다. 도중에 애기를 끊지 말고 끝까지 듣는다.

④ 언제나 얼굴에 웃음을 띠며 밝게 행동한다.

⑤ 솔직하지만 신념을 가지고 있다는 말을 들을 수 있도록 노력한다.

이상의 다섯 가지가 매우 중요하다. 이것을 항상 지킬 수 있도록 염두에 둔다면 태도적 능력은 반드시 향상될 것이다.

행동적 능력은 비즈니스의 기본

행동적 능력은 비즈니스에 있어서 가장 기본적으로 요구되는 능력이다. 특히 직위가 높을수록 실행력이 필요하기 때문에 이 능력이 차지하는 비중이 높아진다.

아무리 좋은 생각이 있어도 실행하지 못한다면 아무 가치가 없다. 그야말로 시간과 노동과 비용의 낭비가 되는 것이다.

비즈니스는 어떤 경우에도 행동적 능력이 요구된다. 행동으로 옮기는 것이 빠른 사람이 있는가 하면 좀처럼 행동으로 옮기지 못하는 사람도 있는데 무엇을 할지 결정하기까지는 심사숙고하고 결정이 되었을 때는 즉각 실행하는 것이 가장 바람직한 모습이다.

행동석 능력이 높은 사람은 사고방식이 항상 석극석이다. 노선과 실패를 거듭하면서도 궤도 수정을 하고 마지막에는 목적을 이룬다는 사고방식이 강하기 때문이다.

그럼 당신은 이러한 행동적 능력이 좋은 쪽인가? 아니면 좋지 않은 쪽인가? 한번 되돌아보며 자신은 어느 쪽에 속하는지를 파악하기 바란다. 만약 조금이라도 좋지 않은 쪽이라면 당신의 사고방식을 바꾸기 바란다.

어떤 행동을 할 때 그 결과를 예측해 보면 반드시 좋은 점과 나쁜 점이 공존해 있다. 그렇기 때문에 그 밸런스를 보고 조금이라도 좋은 쪽이 우세하다면 즉각 행동으로 옮긴다는 사고방식을 갖길 바란다. 스스로 의식적으로 그렇게 생각하다 보면 행동적 능력은 반드시 향상될 것이다.

리더는
예견력豫見力과
인간력人間力을
연마해야 한다

앞을 내다보는 힘을 키우자

40대, 50대가 되면 인생 경험도 나름대로 해왔을 것이고, 사내에서의 지위도 올라갈 곳까지 이르렀을 것이고, 대부분의 사람이 리더로서의 역할을 해내는 입장이 되어 있을 것이다.

그런 사람들에게는 앞을 내다보는 힘이 가장 중요하다. 예를 들어, 문제가 발생해서 그것을 해결하는 것보다 문제 발생을 예측하고 문제가 생기기 전에 손을 써서 미연에 방지하는 능력이 보다 중요해 지는 것이다.

예견력(豫見力)이란 징조를 피부로 느끼는 동물적인 감이 움직이는 정도라고 표현할 수 있다. 이 감은 타고나는 것도 있지만 노력에 의해 후천적으로도 어느 정도까지 연마할 수 있는 것이다. 20대부터 그런 노력을 계속 해나간다면 40대, 50대에는 상당한 예견력을 지닐 수 있을 거라 생각한다.

그럼 젊었을 때 어떤 점에 유의해서 노력해야 할까. 그 포인트를 나열해 보자.

어떤 일이라도 무언가 변화가 일어날 경우에는 사전에 반드시 징조가 있다. 그 징조를 잡아낼 수 있게 되면 예견력이 높아지는 것이다. 따라서 징조를 읽어내는 힘을 키우는 것이 중요하다.

우선 첫 번째는 항상 시대의 흐름에 민감해야 한다. 지금 유행하고 있는 것, 경기 변동, 사회 현상, 키워드, 번성하는 곳, 베스트셀러, 인기 있는 물건, 백화점 매장 면적의 변화, 그 외에도 여러 가지가 있는데 의식적으로 깊이 살펴보고 이런 것들의 현상에 주목하여 변화를 꿰뚫어 보는 것이다.

다음은 예견력이 당신보다 높다고 생각되는 사람과 커뮤니케이션을 깊이 있게 하는 것이다. 학생시절의 친구, 동업타사(同業他社)의 사람들, 금융관계의 사람, 타 업계의 영업사원, 한 잔 걸치는 술집에서 옆자리에 맞은 중소기업의 사장이나 전무, 어쨌든 자기와는 다른 업종에서 자기보다 높은 사람 또는 동업타사의 사람들이라는 식으로 다른 사람들로부터 다양한 정보를 수집해서 시대의 흐름을 알고자 하는 노력을 하는 것이다.

그리고 자신의 일에 대한 징조를 알기 위해서는 만약 문제가 일어난다면 어떤 일이 일어날 것인지를 생각해 보는 것이다. 특히 현재 아무 문제도 일어나지 않는 것에 대해서 정말로 이대로 괜찮은 것일까 라는 의문을 가져보는 것이다.

현 상황에 의문을 갖는다는 것은 앞으로 일어날지도 모르는 문제점의 발견으로 이어지는 경우가 많다. 정말로 이대로 괜찮은 것일까 라는 생각을 항상 갖는 것이 중요하다.

예견력이 중요한 이유는 미래에 일어날 수 있는 일을 빨리 알아내서 그것을 미연에 방지하거나 신속한 대응을 세워서 다가올 손해를 최소한으로 하는 것이 가능하기 때문이다.

신속하게 손을 써서 손해를 방지함과 동시에 큰 이익을 손에 쥐는 기회를 얻게 되는 것이다. 지위가 높아지면 높아질수록 이익을 얻기 위해 예견력을 발휘하는 것이 요구된다. 예견력을 어떻게 사용하여 이익을 창출해 낼 것인지가 40대, 50대에는 더욱 강하게 요구되는 것이다.

인간력이란 인격적 영향력이다

권력으로 사람을 끌어당기는 것은 어느 정도 가능할 것이다. 사회에서는 상사의 업무 명령에 원칙적으로 따르지 않으면 안 된다. 상사는 부하에게 지시할 수 있는 권리를 가지고 있기 때문이다.

부하는 상사의 권리 행사에 대해 그에 따르는 것이 의무이다. 따르지 않으면 업무명령 위반으로 처벌 대상이 되기 때문이다. 그러나 상사의 권리 행사에 대해 납득이 가지 않는 경우도 있을 것이다. 권력이 아닌 권위, 다시 말해 인간력(人間力)으로 사람을 끌어당기는 경우엔 사람은 마음으로부터 납득하고 따르게 될 것이다. '그 사람이 하는 말이기 때문에 틀림없을 것이다', '지극히 당연하다'라고 그 사람을 인정하고 따르게 되는 것이다. 이런 상황들이 인간력으로 사람을 끌어당긴다는 뜻일 것이다. 예를 들어, 권한이 없더라도 그 사람을 믿고 사람이 따르는 것이다.

그렇기 때문에 최종적으로는 이 인간력, 말하자면 인격적 영향력이 어느 정도 있는지에 따라서 인간의 가치가 결정되는 것이다. 인격적 영향력이 크면 클수록 많은 사람이 그 사람을 따르게 될 것이다.

그런 힘을 지니기 위해서는 끊임없는 노력이 필요하다. 젊었을 때부터 자신을 갈고 닦는 노력을 꾸준히 하면 40대, 50대에 인격적 영향력이 발휘되는 것이다. 그러기 위해서는 어떤 점에 주의해서 자기계발을 해야 할까.

그 포인트를 생각해 보자.

우선 젊었을 때 20대, 30대에는 순수한 마음을 갖는 것이 중요하다. 다른 사람의 의견을 잘 듣고 상대방의 입장이 되어 생각하는 습관을 들여야 한다. 순수한 마음을 지니면 상대로부터 여러 가지 것들을 흡수할 수 있다. 또한 상대도 이 녀석은 장래성이 있다고 생각하며 관심을 가져준다. 그런 상승효과가 있기 때문에 반드시 순수한 마음을 가지고 행동하기 바란다.

단, 순수한 마음을 지니면서도 자신만의 사고방식이나 신념을 가지는 것이 중요하다. 말하자면 주체성이라는 것이다. 상대를 존중하면서도 결코 주체성을 잃지 않는 것이 중요하다.

시간이 갈수록 이 순수한 마음을 잃어버리고 주제넘게 나서는 사람이 되기 쉽기 때문이다. 어떤 일이든 자기가 앞에 나서고 필요 없는 말까지 해야만 직성이 풀리는 사람이 되면 결코 다른 사람으로부터 좋은 눈길을 받을 수가 없다. 인격적 영향력 같은 건 거의 제로에 가까운 것이다. 그 뿐만 아니라 저 녀석은 어쩔 수 없다는 마이너스적인 면의 영향력이 강하게 나와 버릴지도 모른다.

주체성이나 신념이 나이가 들면서 완고함으로 바뀐다면 이건 큰 문제다. 완고함이란 사고방식이 경직되어 버려 유연성이 결여된 것 이다. 새로운 사고방식이나 변화에 대응하지 못하고 언제나 낡은 습관이나 관례를 중요시해서 시대의 흐름에 뒤쳐져 버린다. 물론 주위 사람들로부터도 이젠 시대에 뒤떨어졌다고 바보 취급을 당하고 인격적 영향력을 주는 일 같은 것은 생각도 하지 못하게 된다.

그렇게 되면 다른 사람을 이끄는 리더 같은 건 불가능하다. 항상 순수한 마음으로 주체성 있는 유연한 사고방식으로 대처할 수 있어야 한다. 20대, 30대부터 그런 사고방식에 힘을 넣어서 자기 계발에 노력해 주길 바란다. 반드시 당신도 인격적 영향력을 지닌 사람이 될 것이다.

항상
무엇이
제일
중요한가를
생각하자

젊은 비즈니스맨이 갖춰야 할 포인트

젊은 사원의 연수회에서 마지막 매듭을 지을 때 하는 얘기로 참석자에게 이런 부분에 최선을 다해 달라고 요청하는 세 가지 포인트가 있다.

대부분의 참석자들이 20대의 젊은이들이기 때문에 비즈니스의 기본으로서의 요점이다.

① 당연한 일이라도 확실하게 해라.
② 주체성을 가져라.
③ 식견을 갖춰라.

이상의 세 가지이다.

당연한 일이란 상식적으로 생각했을 때 당연한 것을 말한다. 예를 들어, 아침에 출근하면 '안녕하십니까' 라고 인사를 하거나 상사의 명령에 대해 확실하게 대답을 하거나 결과를 보고한다거나 하는 일 등이다. 스스로 조금 생각해 보면 당연한 일이라고 간단히 판단되는 일들이다.

그것을 확실하게 실행해 주길 바라는 것이다.

주체성을 가진다는 것은 자기 나름의 사고방식이나 신념을 지니는 것으로 타인에 의해 움직이는 것이 아닌, 나는 이렇게 생각한다고 자기주장을 하는 것이다. 자신의 생각을 주장함으로써 자신의 생각에 빛을 띠게 되는 것이다. 당연히 다른 사람과 충돌하거나 격론을 벌일 수 있기 때문에 그런 기회가 많을수록 사고방식이 연마되고 발전하게 되는 것이다.

식견이란 고도의 판단력을 말한다. 넓은 시야로 사물을 볼 수 있게 되면 판단력도 적절해져서 앞을 내다 볼 수 있게 된다.

저 사람은 상당히 식견이 있다는 말을 듣기 위해서는 어떻게 해야 할까.

식견(識見)을 연마하기 위해서는 두 개의 눈이 필요하다

식견이란 앞에서 얘기했듯이 고도의 판단력을 뜻한다. 그러한 판단력을 지니기 위해서는 반드시 넓은 시야로 모든 것을 보는 눈과 모든 일의 본질을 재빨리 파악하는 눈이 필요하다. 이 두 개의 눈이 없으면 식견이 높다고 말할 수 없다.

넓은 시야란 폭넓은 지식과 세상 물정에 밝은 사고(思考), 이 두 가지에 의해서 만들어지는 것이라고 생각한다. 폭넓은 지식을 가지고 있으면 여러 면에서 발생하는 이익과 손해를 다각적인 면에서 바라보며 가능성을 찾을 수 있다. 말하자면 폭넓은 지식에 의해 사고의 폭이 넓어진다는 것이다.

그렇기 때문에 지식의 폭이 좁은 사람은 자연히 사고의 폭도 좁아져서 예상하지 못했던 일이 상당히 중요한 포인트였음을 나중에 깨닫게 되는 경우가 종종 있다. 지식의 폭이 넓으면 넓을수록 그러한 경우들도 포함해서 판단할 수 있게 되는 것이다.

결국 그런 일은 예상외였다는 사태가 별로 일어나지 않는다. 지식의 폭이 넓을수록 가능성이 있는 여러 일들이 판단의 재료로써 다뤄지게 된다. 그리고 세상 물정에 밝은 사고가 판단에 상식을 더해 줄 것이다. 즉, 신속하게 본질을 파악하는 눈이 넓은 시야로 모든 일을 바라보는 눈과 이어졌을 때 고도의 판단력이 발휘되는 것이다. 본질을 파악하는 눈은 항상 무엇이 가장 중요한지를 생각하는 것에서 시작된다.

모든 일에는 반드시 원인이 있고 결과가 있다. 이 결과를 가져오는 가장 큰 원인이 무엇인지를 항상 추구해 나가면 본질을 파악하는 눈이 갖춰지는 것이다.

평상심(平常心)을 유지하자

인생의 기로에 섰을 때 오른쪽으로 갈까 왼쪽으로 갈까 망설이게 되는 법이다. 이런 중요한 판단을 할 때에는 마음이 평정한 상태를 유지하는 것이 중요하다. 불안해하거나 서두르거나 초조하게 되면 판단을 그르칠 수가 있다.

일본의 한 경영인이 이런 얘기를 한 적이 있다.

"경영자가 중대한 결정을 내릴 때 마음이 평온하지 않으면 판단을 그르쳐 버리는 일이 있어. 자신의 마음이 평정하지 않을 때에는 중대한 결단은 나중으로 미루는 것이 좋아. 후지산의 호수는 바람이 없는 날은 수면이 거울처럼 매끈해서 후지산의 사진을 찍으면 어느 쪽이 진짜 후지산인지 모를 정도로 아름답게 찍히지. 그러나 바람이 부는 날 호수의 수면이 물결치고 있을 때는 거기에 비치는 후지산도 당연히 일그러져 있지. 사진으로 찍으면 어느 쪽이 물에 비친 후지산인지 금세 알 수 있어. 마음이 물결치고 있을 때는 상대의 마음이 자신의 마음에 일그러져 비치게 될 염려가 있다네. 그런 때 중대한 결단을 하게 되면 문제가 생길 가능성이 있지. 그렇기 때문에 그런 때에는 결단을 나중으로 미루는 편이 좋아. 경영자는 자신의 마음을 평정하게 유지하는 것이 아주 중요하네."

담담한 어조 속에 노련한 경영자의 단면을 볼 수 있는 의미 깊은 얘기이다. 매우 큰 감명을 주는 얘기이다.

진리는 중용(中庸)에 있다

옛날부터 진리는 중용(中庸 치우치지 않음)에 있다고 한다. 말하자면 바른 길은 평범한 결론에 있다고 할 수 있다. 인간은 화가 나면 판단을 그르친다. 감정이 치우친 채로 결론을 내면 나중에 실수했다고 깨닫게 되는 일이 생긴다. 쉽게 뜨거워지고 쉽게 차가워지는 사람은 특히 주의해야 한다.

간부사원이든 사장이든 사원으로부터 일기예보라는 말을 듣는 사람은 대부분 감정적인 판단을 자주 한다. 기분이 좋을 때는 'YES' 라고 받아들여지는 일도 기분이 나쁠 때에는 'NO' 가 된다는 식으로 사원들이 생각하고 있으면 간부로서의 본질을 의심받게 된다.

진리는 중용에 있다는 것을 마음 깊이 새기고 상황 판단을 하는 것이 중요하다. 판단에 망설여질 때는 진리는 중용에 있다는 생각으로 일단 돌아가는 것이 좋다.

인간은 한 번 마음먹으면 그것이 틀림없다고 믿어 버리는 경향이 있다. 특히 성격이 과격한 사람은 그런 경향이 강하다. 그 믿음이 맞는 경우는 괜찮지만 잘못된 믿음을 가지고 있으면 판단도 당연히 잘못된다.

자신은 성격이 과격한 쪽이라고 생각하는 사람은 특히 주의해

야 한다. 가능하다면 한 번 마음을 비우고 냉정한 기분으로 판단할 수 있도록 노력하자.

선입관에 치우치지 않고 사실만을 확인해서 사실을 기초로 판단을 하는 것이 중요하다. 자기 자신의 기분을 그렇게 유지할 수 있도록 노력하는 것이 좋다. 의식적으로 노력한다면 반드시 좋은 결과가 나올 것이다.

자신이
중심이 되어
시작하자

저지른 후에 후회해도 소용없다

'망했다. 다시 한 번 확인해 둘 걸' 같이 누구라도 작은 부주의로 후회를 해본 적이 한두 번은 있을 것이다.

인생이든 비즈니스든 저지른 후에 후회해도 소용없다는 말처럼, 그때는 가볍게 생각했던 것이 나중에 실패라는 커다란 결과를 초래하는 일이 자주 있다. 후회 없는 인생이란 매우 어려운 것이라고 생각한다. 그러나 후회를 줄이는 일은 스스로 주의하고 노력한다면 어느 정도 가능하다. 특히 업무상의 후회는 될 수 있는 한 없애고 싶은 법이다.

그렇게 하기 위한 포인트는 다음의 다섯 가지이다.

① 확인, 체크를 철저하고 확실하게 하는 습관을 들이자.

② '이 정도의 일은' 이라고 방심했던 것이 나중에 급소를 찌르게 된다는 점에 유의하자.

③ 만약 문제가 생긴다면 어떤 것일지 항상 생각해라. 그리고 그 방지책을 사전에 세워두어라.

④ 출발에서 엉키면 마지막까지 문제를 안게 되는 경우가 많기 때문에 시작에 공을 들여라.

⑤ 실패했다고 느끼게 되는 사태가 되어도 틈을 두지 말고 대

응책을 즉시 실시한다.

이상의 사항들을 염두하고 지켜 간다면 업무에서 후회하게 되는 경우가 상당히 줄어들 것이다.

한 걸음 나아가느냐 마느냐로 길이 갈린다

인생에서도 일에서도 바로 이거다 싶을 때가 있다. 그때 주저앉느냐, 한 걸음 앞으로 나아가느냐로 결과에 큰 차이가 생긴다. 적극적인 마음이 있느냐 없느냐가 한 걸음 나아갈지, 거기에서 멈춰버릴지의 차이가 되는 분기점이 된다.

말하자면 사고방식의 문제이다. 모든 일을 긍정적으로 생각할지 부정적으로 생각할지 또는 좋은 면을 볼지 나쁜 면을 볼지의 차이인 것이다. 머리가 좋은 사람은 아무래도 위험을 감수하고 싶지 않다, 실패하고 싶지 않다는 마음이 강해서 한 걸음 내딛는 타이밍을 놓쳐버리는 경향이 있다. 아마도 유년시절부터 엘리트 코스를 밟아왔기 때문에 실패하지 않도록 이라는 생각이 강하다는 것도 원인의 하나가 될지도 모른다.

또 제3자의 입장에서 비판적인 눈으로 모든 일을 바라보는 경향이 강해서 그 안으로 뛰어들지 않는 케이스도 많은 것 같다.

당신은 어떤가, 만약 이런 경향이 강하다고 자기 자신이 생각한다면 사고방식을 바꾸는 편이 장래를 위해서도 도움이 될 것이다.

인간에게는 잠재 능력이 있어서 오랜 시간 의식적으로 노력을 하면 그것이 잠재 능력에 기억되어 무의식 속에서 자연히 행동으로 나타나는 법이다.

예를 들어, 스포츠 선수가 자주 저절로 몸이 움직였다는 말을 하는 걸 들을 수 있는데 그것은 평상시의 연습이 잠재 능력에 기억되어 필요할 때 자연스럽게 행동 속에 나타나는 것이다. 그렇기 때문에 적극적으로 긍정적인 사고방식을 갖도록 의식적으로 노력하는 것이 10년 후에는 당신 자신을 크게 변화시키는 일이 될 것이다.

손해를 두려워하지 않는 용기를 가져라

큰 성공을 얻기 위해서는 위험을 감수하는 용기가 필요하다. 현대는 하이 리스크(high risk), 하이 리턴(high return) 시대라고 한다. 큰 위험을 감수하지 않으면 큰 결과는 없다는 뜻이다. 적은 위험에서는 작은 결과밖에 없다. 말하자면 현대는 그만큼 높은 실력이 요구되는 경쟁 사회라는 얘기이다.

평범하고 안정된 인생을 선택할지 자신이 생각하는 대로 살아갈지 어느 쪽을 선택하는 가는 사람마다 다르다.

그러나 젊을 때 한 번이나 두 번은 있는 힘껏 도전해 보는 것도 좋다고 생각한다. 만약 실패를 한다 해도 그것을 되돌릴 수 있는 기회도, 시간도 충분히 있기 때문이다.

부장 이상의 직위에 있는 사람들에게 물어보면 대부분의 사람이 한두 번쯤은 회사를 그만둘까 하고 망설인 적이 있다고 한다. 하지만 결국 최후에는 회사를 뛰쳐나갈 용기가 없어서 우물쭈물 오늘에 이르렀다는 사람이 많다.

100%의 확률로 성공한다면 누구나가 자신의 생각대로 살아가겠지만 회사라는 거대한 나무를 떠났을 경우 어떻게 될지는 아무도 알 수 없는 것이다. 불안과 자신감 부족 등으로 결국 안정을 선택하게 되는 것이다. 아주 조금의 용기가 있다면 사태는 달라졌을지도 모른다.

어느 쪽이 나았던 것인지는 누구도 알 수 없지만 만약 그때 이렇게 했더라면 이라는 후회는 남지 않을 것이다.

적극적인 삶의 방식은 10년 후를 바꾼다

30세를 지나면 육체적으로도 개인차가 눈에 띄게 된다. 머리숱이 조금 적어진다거나 배가 나오는 등, 동년배라도 젊은 사람과 늙어 보이는 사람의 차이가 나이와 함께 눈에 띄게 되는 것이다.

정신도 똑같아서 60세가 되어도 젊게 사는 사람이 있는가 하면 30대인데도 퇴직금이라든지 연금 등에 강한 관심을 보이며 노후 걱정을 하는 사람이 있다

어째서 이런 차이가 생기는 것일까, 아마도 각자 삶의 방식이 다르기 때문이라고 생각한다. 호적 나이와 정신 나이는 일치하지 않는 것이다.

적극적으로 자기가 하고 싶은 일을 찾는 사람은 정신도 젊어진다.

자신이 중심이 되어 무언가를 하고자 하는 것이 매우 중요하다. 중심인물이 되면 무엇을 하든지 자신만의 사고방식과 방침이라는 것을 세워야 한다. 자신을 중심으로 무언가를 하고자 하는 것이기 때문에 당연히 적극적인 삶의 방식을 택하지 않을 수 없게 된다. 그런 환경에 자기 자신을 몰아넣는 것도 좋다고 생각한다.

정신이 젊은 사람은 눈빛이 다르며 몸 전체에서 발산하는 에너지가 느껴진다. 동작이나 표정에도 화려함이랄까, 초리함이 보이지 않는다.

적극적으로 살아가고자 하는 노력에 10년 후의 빛나는 당신의 미래가 있다. 그런 사고방식으로 현재 자신의 삶을 반성해 보길 바란다.

직장인이 꼭 알아야 할 처세술의 모든 것

나를 바꾸기 위해 지금 해야 할 일은?

1판 1쇄 발행 2015년 3월 10일
지은이 강준린 **펴낸곳** 북씽크 **펴낸이** 최석원
주 소 서울시 성동구 행당동 192-29 성동샤르망 1019호 **전 화** 070-7808-5465
등록번호 제206-86-53244 **ISBN** 978-89-97827-34-3 **이메일** bookthink2@naver.com
Copyright ⓒ 2015 강준린

＊잘못된 책은 구입처에서 교환해 드립니다